Covid, et après ?
Notre nouvelle terre inconnue

Christian Clot

Covid, et après ?

Notre nouvelle terre inconnue

Michel LAFON

118, avenue Achille-Peretti – CS 70024
92521 Neuilly-sur-Seine Cedex

www. michel-lafon.com

Préambule

31 décembre 2019, le monde s'apprête à célébrer l'avènement d'une nouvelle année, vingt ans après le passage au XXIe siècle. Si des grèves perturbent la fête en France et que les menaces écologiques prennent de l'ampleur partout dans le monde, la plupart des signaux semblent prometteurs pour que l'année soit belle. Les économies sont en croissance, la prise de conscience écologique, soutenue par une poignée de jeunes femmes et hommes, est mieux considérée, et chacune, chacun, se projette dans un avenir à construire.

Quatre mois plus tard, plus de 55 % de la population mondiale est confinée, les grandes économies sont paralysées, des secteurs entiers sous perfusion, proches de la banqueroute, et les frontières de 150 pays sont totalement fermées. Une nouvelle guerre mondiale, une attaque nucléaire, une explosion solaire ? Non. Une quinzaine de brins d'ARN dont l'organisation spécifique en a fait un virus mortel pour l'humain à un niveau qui semble, à ce moment-là du moins, extrêmement élevé : le SARS-CoV-2.

À lui seul, ce microscopique mélange de matière biologique inerte qui a provoqué la maladie Covid-19 vient de réussir ce qu'aucune guerre, aucune grève, aucune crise, depuis des décennies, n'avaient jusqu'alors provoqué en si peu de temps : paralyser notre monde. Et ce faisant, nous plonger dans un flot de questions individuelles et collectives dont il ne semble pas que nous puissions – ou devrions – sortir sans de profonds changements. Seront-ils le lit de plus d'inégalités, d'une écologie oubliée et d'une croissance économique poussée jusqu'à sa dernière limite ? Ou celui d'une évolution sans précédent, faite de considération pour la nature et d'une égalité sociale plus équitable ? Ils seront quoi qu'il en soit les nôtres, ceux que nous déciderons, ceux pour lesquels nous désirerons, nous voudrons, nous battre. Encore faut-il bien comprendre ce qui s'est passé et se passe aujourd'hui dans les bouleversements provoqués par cette crise sanitaire devenue également économique, sociale, écologique, en un mot, systémique, pour ne pas se tromper de bataille ; encore faut-il avoir envie de changer, de créer ce monde futur des possibles plutôt que de le regarder s'effondrer parce que nous avons perdu l'espoir de le rendre pérenne.

Je ne suis ni médecin ni épidémiologiste, je suis un spécialiste des crises et des capacités d'adaptation humaine. J'ai mené de nombreuses expéditions en conditions extrêmes, participé à plusieurs missions sur des théâtres de drames humains et environnementaux (tremblement de terre, tsunamis…) et connu quelques confinements forcés. Des conditions qui m'ont amené à me questionner depuis plus de quinze ans sur le fonctionnement des crises et leur gestion, ainsi que sur nos facultés d'adaptation pour y faire face et les éviter. Il est rare cependant, et cela dit sans aucun cynisme, d'avoir un cas d'étude aussi vaste et systémique que la crise actuelle, que nous avons pu suivre depuis ses prémices. Avec le Human Adaptation Institute que j'ai créé pour travailler sur ces phénomènes, nous avons lancé, en collaboration avec l'Institut du cerveau et le CERMES3, une étude sur la crise de la Covid-19 intitulée COVADPT[1].

En tant que tel, j'ai donc peu d'opinions sur le fait spécifiquement médical de la crise sanitaire, mais une observation générale des causes et conséquences de la pandémie dans son ensemble. Si vous désirez mieux comprendre comment cette

1. Étude scientifique COVADAPT, menée par le Human Adaptation Institute, l'Institut du cerveau et le CERMES3 sur une population de 9000 répondants initiaux, puis 2000 en longitudinal, semaine après semaine. Voir certains résultats préliminiares sur https://adaptation-institute.com/2020/06/02/premieres-donnees-covadapt

situation est passée d'une épidémie à la plus importante crise économique et sociale planétaire depuis plus de soixante-dix ans, son impact probable à long terme et quelques solutions qui pourraient aider à améliorer notre futur et nos réactions face aux crises, ce livre est fait pour vous. Notre monde en verra sans doute encore plusieurs à l'avenir et, il faut le dire, il ne sera plus jamais totalement pareil.

Il est toujours difficile de prendre du recul sur des événements encore en cours. Pour autant, il s'est passé tellement de choses en six mois et les urgences décisionnelles pour construire un futur possible sont tellement pressantes, que j'ai décidé d'écrire cet ouvrage au fil de la crise.

Les données présentes sont arrêtées au 10 août 2020 et la chronologie en fin d'ouvrage donne un aperçu des plus grands événements, de leur apparition jusqu'à ce jour. Vous trouverez également les références utilisées pour toutes les citations et données présentées dans cet ouvrage classées par chapitre.

De nouvelles informations et circonstances vont être connues d'ici la parution en octobre, mais le fond des problématiques n'aura sans doute que peu changé.

La réalité est finalement très simple. Les bouleversements provoqués par la Covid-19, avec leurs incalculables incertitudes, nous placent au-devant d'un Nouveau Monde. Une *terra incognita* qui nous oblige, toutes et tous, à endosser le rôle des découvreurs d'un autre âge qui étudiaient des cartes aux contours imprécis, bourrées de taches blanches, ne laissant que deux possibilités : replier la carte et rester sagement dans notre fauteuil ou partir vers le vide pour en remplir les espaces vierges de nouveaux savoirs.

Pour nous, la question ne se pose pas. Car contrairement à ces explorateurs qui devaient partir au loin pour se confronter à l'inconnu, c'est lui qui est venu à nous, en faisant imploser nos trop grandes certitudes pour en redéfinir les paramètres. Il ne nous laisse pas le choix : nous ne savons rien de ce futur. Si nous voulons que demain existe pour notre planète et pour nous, il va falloir retrousser nos manches, explorer des voies nouvelles, et s'y engager résolument, quelles qu'en soient les difficultés. C'est cela que nous offre aujourd'hui la Covid-19. Une évidence : nous ne pouvons pas rester immobiles, mais nous ne savons simplement pas comment avancer !

Sans proposer les cartes d'un futur que je ne connais pas plus que quiconque, ce livre offre quelques outils pour en défricher les contours et essayer de les redessiner, pour qu'elles proposent l'image d'un monde pérenne.

1. Genèse d'une crise

Une crise peut en cacher une autre. C'est clairement la plus importante leçon de cette pandémie virale. Je parle de la crise actuelle, surtout de celle qui est devant nous, dont cette maladie n'a été que la genèse, l'un des déclencheurs. Elle a été un tel révélateur que cela vaut la peine de s'arrêter en premier lieu sur elle, du moins sur ce que nous en connaissons aujourd'hui. Il faut avoir une même vision, une acceptation commune de la survenance de cette crise et de son évolution pour savoir exactement de quoi nous parlons.

Un premier constat

La crise de la Covid-19 est arrivée soudainement et s'est répandue très rapidement. Des premiers cas officiels déclarés en Chine à la pandémie mondiale touchant presque l'ensemble des pays (188 sur 198 pays reconnus par l'ONU), plus de dix millions de personnes infectées pour cinq cent mille morts (au 29 juin 2020), il s'est écoulé moins de six mois. Et ce n'est pas terminé. La maladie poursuit sa « conquête ». Le 10 août 2020, la barre des 20 millions de cas confirmés a été franchie pour 730000 décès.

Rien à voir bien entendu avec l'instantanéité d'un tsunami comme celui de magnitude 9,3 qui frappa l'Indonésie en 2004, ou une catastrophe dans une centrale nucléaire comme Tchernobyl en Russie (1986) ou Fukushima au Japon[1] (2011), dont les phénomènes plongent les victimes dans une situation terrifiante. Ces événements violents ne touchent généralement qu'une seule région du globe. Les drames impactant simultanément toute la planète sur une période très courte restent rares dans l'histoire connue, y compris pour les pandémies. Sans être exhaustif, on peut citer la peste noire (1347-1352), la grippe espagnole (1918-1919), les deux guerres mondiales du XXe siècle et, dans une mesure différente, le sida depuis 1981, l'un des virus plus mortels avec plus de 50 millions

1. Dû initialement à un tremblement de terre suivi d'un tsunami.

de morts[1]. Aucune de ces périodes dramatiques n'a cependant touché simultanément l'ensemble des populations du globe.

Les questions sont nombreuses pour comprendre ce qu'il s'est passé et l'ampleur des conséquences qui en découle. Cependant, si l'agent déclencheur est le virus SARS-CoV-2, bien d'autres raisons peuvent être mises en avant pour expliquer sa prolifération et les réactions parfois extrêmes tant dans les choix pour y faire face, que dans les prises de position qui se sont radicalisées au fil des jours.

Quatre caractéristiques au moins sont uniques dans l'histoire des grandes crises mondiales de ce type :

– C'est la première crise mondiale au temps du web 2.0 et de son immense facilité à propager des informations peu vérifiées, aussi bien avérées qu'erronées, voire falsifiées, ainsi que des chaînes d'information en continu au contenu rarement mieux évalué. La communication autour de la crise, et ses effets sont pratiquement uniques dans l'histoire à une telle échelle.

1. Sans aucunement minimiser la virulence du VIH, il ne menace pas l'ensemble des populations au même moment et il existe un moyen pour s'en prémunir avec les préservatifs, ce qui n'est pas le cas des autres exemples cités.

– Elle intervient dans un contexte historique où les capacités et la vitesse des déplacements sont phénoménales. La quantité d'échanges entre les pays – déplacements humains et de fret – se compte en dizaines de milliers chaque minute, avec une quasi-impossibilité de rompre la chaîne des marchandises, tant les nations sont devenues interdépendantes, avec parfois des quasi-monopoles sur certains produits.

– C'est la première pandémie depuis plus de cent ans qui touche aussi globalement les nations dites « développées » et qui atteint indifféremment toutes les classes sociales, des Premiers ministres (Trudeau au Canada, Johnson en Angleterre) aux bénéficiaires des minima sociaux, même si les soins ne sont ensuite pas les mêmes. On a ainsi vu la plupart des pays se replier sur leur situation interne au détriment de la coopération internationale, avec peu de considérations pour les conséquences planétaires de certaines décisions prises sans concertation.

– Elle intervient dans un contexte de menaces écologiques et climatiques majeures et représente sans doute, en dehors des images de la fonte des glaces ou de la disparition des espèces, un marqueur fort des risques globaux liés à une mauvaise gestion environnementale, réveillant à la fois les peurs du passé et les craintes de l'avenir.

Nous constatons surtout aujourd'hui que la véritable crise sera due aux impacts collatéraux de l'aspect sanitaire. Économiques, sociaux, mentaux, de nombreux facteurs pour lesquels le virus ne peut être évoqué comme seule cause. Si certains individus vont maintenant passer une partie de leur vie à chercher des responsables dans l'espoir de les faire condamner – pour la seule France, on compte déjà des centaines de plaintes déposées à différents échelons, dont 90 plaintes enregistrées par la Cour de justice de la République[1], au nombre desquelles neuf considérées comme recevables à l'encontre des ministres de la Santé Agnès Buzyn et Olivier Véran sous le chef « d'abstention de combattre un sinistre » –, la question qui se pose surtout maintenant est de savoir comment nous allons, à partir de ces événements, modifier nos paradigmes fonctionnels pour construire un futur écologiquement durable, socialement plus équitable et plus solidaire entre nations, puisque ce sont ces trois notions qui ressortent à l'heure de tirer les premiers bilans.

1. La Cour de justice de la République (CJR) est, en France, la seule instance habilitée à juger les membres du gouvernement pour des faits commis dans l'exercice de leurs fonctions.

Faire condamner des responsables politiques peut être valorisant, mais cela n'a d'intérêt que si l'action permet de mieux comprendre les mécanismes à l'œuvre pour changer les systèmes qui leur ont permis d'être en place, et plus encore nos façons individuelles et collectives d'agir. De la communication dégradée au refus de la peur et du risque, d'une éducation trop réductrice à un manque de solidarité, de nombreux facteurs me semblent autant, sinon plus, responsables de la situation actuelle. Et pour plusieurs d'entre eux, nous avons, en tant que citoyens, la possibilité d'agir.

Ces notions – qui sont loin d'être exhaustives, mais qui ont déterminé nombre de nos décisions – ont bien plus impacté la situation et les populations que le virus en lui-même.

Coronavirus

Les agents pathogènes ne sont pas nouveaux. Choléra, variole, grippe, peste, tuberculose et autres sont causés par des bactéries, virus, champignons ou protozoaires ; autant de microbes qui représentent une biodiversité considérable sur la planète, et dont nous avons à peine conscience. Les virus pèsent trois fois plus que l'ensemble des humains sur Terre[1] et les bactéries 350 fois plus ! Nous en possédons entre 2 et 5 kg dans notre corps et plus de 10 millions peuplent nos mains. Nous sommes très, très loin de connaître l'ensemble de ces « amis » dont plusieurs sont indispensables à notre survie, là où d'autres, heureusement très peu nombreux, deviennent des ennemis mortels, souvent après plusieurs mutations d'animaux en animaux.

Les coronavirus forment une vaste famille de virus, fréquents dans le règne animal, connus depuis le milieu du XXe siècle[2], qui peuvent être pathogènes chez l'animal ou chez l'homme. Chez l'être humain, six coronavirus peuvent entraîner des infections respiratoires dont les manifestations vont du simple rhume pour quatre d'entre eux, à des maladies mortelles pour le SARS-CoV-1 et le MERS-CoV[3].

Le SARS-CoV-1, apparu en Chine en 2003, provoque la maladic du SRAS – syndrome respiratoire aigu sévère –, mortelle chez environ 15 % des

---

1. Les humains représentent 0,06 gigatonne contre 0,2 pour les virus ou 70 pour les bactéries.
2. Le tout premier coronavirus connu a été découvert en 1965 et décrit dans le célèbre *British Medical Journal* par le virologue David Tyrrell.
3. C'est pour cela qu'à l'apparition du SARS-CoV-2, il y avait déjà des flacons de produits marqués comme « anti-coronavirus », et non parce qu'un complot avait prévu la survenance de la Covid-19.

personnes infectées. Déjà une zoonose : une maladie transmise à l'humain par le vecteur d'un animal, souvent sauvage – qui n'y peut rien lui-même – en contact physique ou consommé par les humains. En l'occurrence, une civette palmiste masquée vendue et consommée sur les marchés du sud de la Chine. Le monde entier a tremblé face à l'alerte qui s'est pourtant atténuée rapidement, avec 774 décès officiels. Le syndrome respiratoire du Moyen-Orient (MERS), provoqué par le MERS-CoV, apparu en Arabie saoudite en 2012, une fois de plus très inquiétant avec 35 % de cas mortels. Mais heureusement, là encore assez vite jugulé après quelques centaines de décès, car le virus ne semble pas se propager aisément d'une personne à l'autre, à moins d'un contact étroit avec un malade. Ces deux alertes vont pourtant avoir des conséquences importantes sur la crise actuelle, de même que la pandémie de grippe A « H1N1 » de 2009-2010. Les grippes A, on n'aime pas. La dernière « A » a été la grippe espagnole de 1918-1919 avec ses 50 millions de morts. Autant dire qu'à sa seule évocation, les services de santé se tendent. H1N1 se répandit rapidement dans le monde, touchant 125 pays. Mais les grippes, même aussi virulentes qu'une « A », sont maintenant connues, les vaccins rapidement ajustés et l'Europe en commanda en masse. Plus de 12 millions de doses en Belgique, 13 en Suisse et près de 100 millions en France, accompagnés de milliards de masques pour renforcer les stocks stratégiques. La grippe s'avéra moins virulente qu'estimée face à des services de santé qui n'avaient rien à voir avec ceux d'une Europe encore en pleine Première Guerre mondiale. Elle s'éteignit assez rapidement, après 18036 décès confirmés. Même si en 2012, une étude publiée dans le journal scientifique *The Lancet* a réévalué l'estimation des victimes en se fondant sur le différentiel de mortalité dans les pays durant cette période, estimant le nombre réel de victimes entre 151700 et 575400, surtout en Asie et en Afrique, dans les pays les moins développés, cet épisode n'a pas provoqué le drame mondial redouté.

Ces épidémies vont avoir de lourds impacts sur la maîtrise de la Covid-19. En Chine, qui avait annoncé officiellement l'interdiction de la consommation d'animaux sauvages pour réduire ces risques, rien ne se passa. L'alerte a eu trop peu d'impact, et non seulement la consommation d'animaux sauvages ne baissa pas, mais les trafics d'espèces rares d'animaux en tout genre ont explosé depuis. Il est probable qu'une des raisons des retards des décisions et des annonces, alors qu'il ne fait plus vraiment de doute que les premiers cas d'infection au SARS-CoV-2 ont commencé bien avant la date officielle de fin décembre dans la région de Wuhan, ait été la volonté de cacher, une fois encore, qu'un virus respiratoire mortel avait la même origine, les animaux sauvages consommés parfois vivants. Ce, dans l'espoir sans doute de juguler la maladie avant qu'elle se répande, fort des connaissances acquises avec le SRAS. Comme un mauvais élève pris en faute pour la deuxième fois, le gouverneur de la province a cherché à dissimuler un problème qui allait s'avérer bien trop grand pour lui, voire pour le gouvernement central.

Quant au peu d'impacts sur les pays d'Europe des précédentes épidémies, il va entraîner à la fois une remise en cause des choix économiques de santé et un doute sur la réalité des risques pandémiques. En France, la ministre de la Santé Roselyne Bachelot, à l'origine de la commande des vaccins et des stocks de masques en 2009, est devenue la risée des médias et des citoyens qui ne manquaient pas une occasion de rappeler son incompétence. Et les dépenses pour maintenir et renouveler les stocks stratégiques de masques ne semblaient plus justifiables, comme l'illustre la prise de parole du député socialiste Michel Issindou à l'Assemblée nationale le 12 janvier 2010, qui apostrophait la ministre avec une certaine morgue :

« Enfin, Madame la Ministre, je reviens avec ma question qui est loin des vaccins, qui est peut-être secondaire, mais qui a quand même coûté beaucoup aux collectivités. On parle des masques. On a tous des provisions considérables de masques aujourd'hui, on n'a pas été foutus de nous dire, les experts justement, à quel moment il fallait les mettre ou ne pas les mettre. C'est quand même, là aussi, je le regrette, c'est un gaspillage de deniers publics : chaque collectivité s'est équipée de manière parfois massive : qu'est-ce qu'on fait de ces masques ? J'aimerais bien savoir ce qu'on peut en faire d'utile. »

La réponse de la ministre ne suffira pas :

« Les masques sont un stock de précaution destiné à toutes sortes de pandémies. Et ce n'est pas évidemment au moment où une pandémie, par exemple du type H5N1, surviendra qu'il s'agira de constituer les stocks, bien entendu. »

Le résultat est bien là. Dans l'ensemble des pays d'Europe de l'Ouest, on commença à détruire les stocks de masques lorsqu'ils étaient périmés sans les renouveler, ou parce qu'ils occupaient trop de place. Dans les commissions décisionnaires, la réponse est simple : aujourd'hui, en quelques clics, on peut en commander et nous les recevrons en moins de cinq jours. Il est donc inutile de stocker.

En France, les investissements dans l'achat de masques passèrent de 992 millions d'euros à la fin de l'année 2010 à 472 millions d'euros fin 2014, et ne cessèrent de se réduire par la suite. Le stock passe de 1 milliard de masques chirurgicaux[1] et

1. Masque protecteur pour les autres personnes qui permet d'éviter la projection de sécrétions des voies aériennes lors de l'expiration de celui qui le porte.

700 millions de masques FFP2[1] en 2012 à 117 millions de masques chirurgicaux et plus aucune réserve de FFP2 en 2018.

La certitude de pouvoir en commander facilement est tellement ancrée dans les esprits qu'au début de la pandémie de la Covid-19, la France envoya, par solidarité envers un pays en difficulté, une partie de ses stocks de masques en Chine, qui en avait alors besoin, tout en poursuivant la destruction des masques « périmés ». Cela dénote notre persuasion de puissance et de maîtrise. Les SRAS et MERS nous ont épargnés, la grippe A nous a effleurés, les grippes de Hong Kong (1968) et Ebola (2014) sont restées cantonnées sur un seul continent, et les masques peuvent être commandés en deux clics de souris et avec un numéro de carte bleue. Où est donc le problème ?

J'ironise. Mais je ne jette pas la pierre. Je pense que tous les gouvernements post-grippe A auraient agi de manière similaire. Et la plupart des pays l'ont d'ailleurs fait, de la Suisse à l'Espagne, de la France à la Belgique. Car la question se pose toujours : pour quoi devons-nous être prêts ? Doit-on prendre des précautions sur tout au vu de l'ensemble des risques inhérents à la vie ? Jusqu'où

1. Masque filtrant, destiné à protéger le porteur contre les risques d'inhalation d'agents infectieux transmissibles par voie aérienne et d'éviter les projections.

doit-on réduire les libertés, surveiller les gens et investir publiquement pour prémunir les citoyennes et les citoyens des risques de la vie ? Un calcul qu'il n'est jamais simple de faire à l'heure où la population mondiale augmente de 250000 personnes chaque jour dans un contexte de déséquilibre entre pays jeunes et pays âgés, entre nations pauvres et riches, entre croissance et environnement, et de très nombreux autres facteurs qui interviennent au moment de la décision politique, entrepreneuriale et citoyenne. Car les paradoxes sont parfois importants entre volonté d'autonomie sans contrainte tout en attendant protection et aide de l'État ou entre santé individuelle et considération de l'ensemble des populations mondiales.

La crise de la Covid-19 nous a mis devant une situation rare dans l'histoire. Techniquement, il n'était pas totalement faux de penser qu'en cas de besoin majeur, il serait aisé de commander les matériaux nécessaires à la gestion de crise : masques, sérums, lits, respirateurs et autres, et donc qu'il ne valait pas la peine de maintenir des stocks et des outils en place pour une éventualité non déterminée. C'est ce qui se passe lors de catastrophes. Elles touchent durement un pays ou une région et, si le gouvernement accepte de l'aide, il est rare que les autres pays la lui refusent ou, *a minima*, des ONG dont certaines sont parfaitement rompues et organisées pour ce genre de besoins pourront intervenir. Le tsunami de 2004 en Indonésie a vu se mobiliser une cinquantaine de pays et des centaines d'ONG sous l'égide des Nations unies et des États-Unis. La Corée du Sud, la Russie ou la France ont immédiatement envoyé des aides après le drame de Fukushima, provoqué par un tremblement de terre d'une magnitude 9,1 suivi d'un tsunami qui a déclenché une catastrophe nucléaire. Même la Chine, vieil ennemi du Japon, a proposé sans attendre son soutien. Et la terrible double explosion d'un stock de 2 750 tonnes de nitrate d'ammonium le mardi 4 août 2020 dans le port de Beyrouth, au Liban, n'a pas fait défaut à ces principes. Cette explosion de 1 200 tonnes équivalent TNT[1], soit 40 fois plus forte que celle de l'usine AZF à Toulouse en 2001, causant des milliers de blessés, des dizaines de morts et des dégâts considérables, avec près de la moitié de Beyrouth détruite ou endommagée selon le gouverneur de la ville, Marwan Abboud[2], a vu immédiatement l'aide internationale se mettre en action.

Sans intégrer spécifiquement cette donnée au moment de prévoir ses « plans catastrophe »,

1. La mesure commune pour évaluer la puissance d'une explosion.
2. Dans *La Tribune de Genève*, 5 août 2020.

chaque pays prend ses décisions avec cette certitude en tête : « Nous ne sommes pas seuls », et sait quels sont les pays plus ou moins spécialistes de telle ou telle situation. Mais la Covid-19 a posé un problème bien différent. Pour la première fois depuis les guerres mondiales, non seulement l'ensemble des pays offrant classiquement leur aide était également touché, mais l'extrême limitation des déplacements humains et matériels, autant que les risques sanitaires, ont également empêché les ONG d'agir selon leurs habitudes. En clair, personne n'était plus vraiment là pour aider personne, à quelques rares actions près. Ce repli des pays à l'intérieur de leurs propres frontières a non seulement empêché de « se faire livrer en cinq jours », puisque tout le monde voulait la même chose en même temps, mais aussi de recevoir les matières premières nécessaires à la fabrication des produits, même en étant équipé d'unités de production, ce qui est par exemple le cas de la France. Un cas assez unique dans l'histoire de ces dernières décennies.

C'est finalement la définition même d'une crise : elle nous place devant un phénomène imprévisible ou qui prend une ampleur beaucoup plus grande que tout ce qui avait été conceptualisé.

Des bons et des mauvais élèves ?

Au fil des mois, chaque média, chaque citoyen, a suivi le décompte des victimes du virus, en commentant largement la bonne ou la mauvaise gestion des uns et des autres, prompt à tirer des conclusions définitives et souvent péremptoires. À ce jeu, il ne semble y avoir aucun doute : les pays occidentaux ont été les mauvais élèves de cette situation.

Le 10 août, les dix pays comptant le plus de décès par habitant sont, dans l'ordre : la Belgique, le Royaume-Uni, le Pérou, l'Espagne, l'Italie, la Suède, le Chili, les États-Unis, le Brésil et la France si l'on ne tient pas compte des États-cités comme San Marin ou Andorre qui sont les zones les plus impactées au monde[1]. Les dix pays suivants sont soit sud-américains, soit européens. Comment expliquer que de tous les pays du monde, parmi lesquels les plus touchés par les contaminations comme l'Inde (2 269 052 cas) ou la Russie (892 000), ce soient les démocraties occidentales, dont certaines sont considérées comme possédant les systèmes de santé les plus perfor-

1. Fin août 2020, la Bolivie et l'Équateur ont eu des pics importants qui les ont fait entrer dans les dix pays les plus touchés, et le Mexique et le Panama les suivent de près. La France est désormais 16e dans ce classement et la Suisse 29e.

mants, soient en tête du nombre de décès ? Que la Belgique comptabilise 852 morts par million d'habitants, avec 9879 décès pour 74620 cas répertoriés, que la seule ville de New York compte 3250 morts par million d'habitants, par rapport à l'Inde dont le taux de décès par million d'habitants est de 33 ou la Chine avec moins de 4.

Loin de moi l'idée de préjuger l'Inde, la Russie ou la Bolivie comme moins aptes à gérer une pandémie sanitaire, ni de vouloir minimiser l'ampleur du désastre dans plusieurs pays d'Europe. Mais un constat est tout de même important pour pouvoir prendre du recul sur l'analyse globale de la crise. Au-delà du débat sur les types de soins ou du besoin de porter des masques, un pays comme la France compte 5,9 lits d'hôpitaux pour 1 000 habitants, et 11,3 % de son PIB est consacré à la santé[1], avec une densité territoriale de 106 hab./km^2 (données Insee 2020), là où l'Inde, dont les mesures prises sont assez comparables – avec entre autres un confinement total et sévère de sa population – ne compte que 0,5 lit d'hôpital pour 1 000 habitants pour un budget de la santé de 1,2 % du PIB. Dans certains de ses plus grands bidonvilles, comme Dharavi, proche de Mumbai,

1. La part la plus élevée de l'Union européenne selon l'étude « Profils de santé par pays 2019 » de la Commission européenne et l'OCDE.

la densité de population dépasse 17 000 hab./km^2 avec une latrine pour 1 440 personnes. Une promiscuité particulièrement imposante. Selon les chiffres officiels pourtant, aucun décès dans ces bidonvilles, pas plus que dans les favelas brésiliennes qui comptent des dizaines de milliers de personnes dans des conditions sanitaires plus que précaires. Ce constat est malheureusement vrai dans de nombreux pays : visiblement, dans les zones les plus pauvres, on ne meurt pas de la Covid-19, alors que toutes les études s'accordent à démontrer que ce sont les personnes déjà atteintes d'une autre pathologie et pauvres qui en sont les premières victimes.

Il ne s'agit pas de se réjouir que d'autres aient été moins bons élèves que nous, mais de regarder les données et le monde dans une perspective ouverte afin de mieux comprendre ce qui s'est passé. Car, durant les premiers mois de la pandémie, seuls les chiffres du nombre de morts par pays étaient offerts au public. Chaque jour, nous suivions dans les médias ce décompte macabre, et ce sans distinction entre un pays d'un million ou de 300 millions d'habitants. Cela suffisait à déterminer que l'un s'en sortait mieux que l'autre sans aucune mise en perspective de la quantité ou la densité de la population. Sur ces bases, de nombreuses personnalités ont cherché à tirer des conclusions sur la bonne ou la mauvaise gestion de la crise par les pays, quand bien même certains n'étaient pas encore touchés par le virus, et en les incluant pourtant dans leurs analyses. Pendant les mois d'avril et de mai, les pays d'Europe étaient les plus fortement touchés, ce qui a été largement mis en exergue, alors que l'épidémie débutait à peine outre-Atlantique. Cela a engendré un climat terriblement anxiogène poussant à la colère. Ce n'est que tardivement que certains médias ont commencé à indiquer le nombre des décès en rapport au nombre de personnes infectées et surtout le nombre de décès en rapport à la population. Du nombre de guérisons, de la relativité des chiffres selon les populations, peu d'informations, voire aucune. Il fallait creuser et se rendre sur des sites effectuant des recensements comme le John Hopkins University School of Medecine, le Worldometers et son excellent tableau récapitulatif ou les *Situation Reports* de l'OMS pour avoir une vision plus globale, sans être parfaite loin de là, et ce pour trois raisons :

– Les chiffres ne sont que ceux provenant des pays, et de leur bonne volonté ou bonnes capacités à les faire remonter. Peu d'entre eux incluent les décès hors hôpitaux et encore moins dans les zones les plus pauvres. La Belgique *a contrario* déclare toute personne décédée d'une complication pulmonaire comme victime de la Covid-19.

– Le nombre de contaminations ne dépend que des tests effectués. Logiquement, si vous testez beaucoup, vous aurez probablement plus de personnes déclarées contaminées que si vous ne testez pas du tout comme c'est le cas dans certains pays. Et la quantité de tests a beaucoup évolué au fil de la pandémie.

– Le virus était totalement inconnu au 1er janvier 2020 et la compréhension à son sujet n'a cessé d'évoluer avec des débats scientifiques intenses, en particulier sur sa virulence et son mode de propagation. Les pays n'ont pas été touchés au même rythme ni aux mêmes périodes, ce qui rend les comparatifs entre régions encore plus complexes. Même un pays comme le Vietnam, vanté pour sa politique qui lui a permis de ne déplorer aucun décès durant des mois, a soudain vu, début août, sa situation dégénérer et compte désormais ses premiers morts. Il est donc normal que les informations et recommandations aient beaucoup évolué au fil des mois.

Il faudra attendre au moins une année, voire deux, avec le complément des chiffres de mortalité basés sur la comparaison de l'augmentation des décès sur une période donnée en rapport aux autres années, pour que l'on puisse avoir une vision réelle de l'impact de la Covid-19 dans le monde, ce que le site Euromono commence déjà à faire pour l'Europe, confirmant bien une surmortalité durant le début de l'année dans la plupart des pays du Vieux Continent. Chaque pandémie a vécu les mêmes processus, avec parfois des révisions allant jusqu'à dix fois plus de victimes présumées que déclarées, comme ce fut le cas pour la grippe A.

Il ne s'agit pas de dédouaner les pays les plus touchés de l'ensemble de leurs actes, et de présumer de la réalité des chiffres des uns et des autres. Mais il faut admettre que la différence ne semble pas toujours explicable. Il n'est pas impossible que les pays les plus touchés par le virus soient aussi ceux qui informent le mieux au jour le jour. Ou que plusieurs variantes du SARS-CoV-2 circulent à la suite de mutations d'acide aminé, ce qui est fréquent pour les virus, comme le supposent plusieurs études dont la dernière est parue le 2 juin dernier montrant des différences dans la séquence qui permet d'infecter les cellules.

Dans tous les cas, j'ai décidé de prendre avec recul les chiffres des contaminations et décès pour me concentrer plutôt sur les faits comparables et l'impact global de la crise. Car, quoi qu'il en soit et, quelles que soient les comparaisons, il est certain que plusieurs pays ont été débordés, ont pris des décisions discutables et que les conséquences des premiers mois de 2020 se répercuteront sur des années, voire des décennies. Des conséquences pénibles, mais aussi, selon nos décisions et nos actions, qui pourraient s'avérer constructives pour notre avenir.

Il est nécessaire de comprendre les mécanismes à l'œuvre pour envisager notre futur. Avec ces questions évidentes : étions-nous prêts, avons-nous pris les bonnes décisions, et celles que nous prenons maintenant seront-elles efficientes pour le futur ?

Étions-nous prêts ?

Nous savions que cela devait arriver un jour ou l'autre, dans l'un des grands domaines touchant directement nos sociétés : santé, écologie, économie. Une crise globale, systémique, qui impacte l'ensemble des pays et structures de la planète.

Mais étions-nous préparés pour ce type de crise sanitaire ? Pas vraiment. Les pays ont mis en place des gestions des risques les plus évidents selon les typologies liées à leurs écosystèmes. Le Chili ou le Japon sont très rodés aux tremblements de terre, l'Indonésie aux inondations – surtout depuis 2004 –, certains pays d'Asie et d'Afrique, habitués à des explosions pathologiques (Ebola, SRAS, MERS, etc.) sont plutôt bien préparés aux crises épidémiques et, dans la mesure où cela est possible, la France a des plans précis en cas de catastrophe nucléaire, avec par exemple des stocks conséquents de pilules d'iode et des distributions préventives pour les personnes vivant dans un rayon de dix kilomètres autour des centrales. À côté de cela, les risques les moins probables sont évalués, mais en partie laissés en jachère, malgré des plans et des scénarios posés sur le papier mais qui dorment sur des étagères, peu ou pas utilisés, jusqu'à en être oubliés.

Il y a par ailleurs les risques que nous pensons avoir dominés, ceux qui nous paraissent trop anciens pour vraiment s'en préoccuper. C'est le cas de certaines maladies comme la variole, l'une des plus mortelles de l'histoire, considérée comme totalement éradiquée depuis 1980[1] grâce au vaccin Imvanex. Plus rien n'est fait pour s'en protéger depuis.

Cette impression de maîtrise, de puissance est omniprésente dans nos fonctionnements, particulièrement de la part des pays riches et développés. Cela se traduit notamment dans l'idée même du « tout prévisible », comme si nous avions une telle domination de la nature, de l'espace, de l'univers, que tout devrait pouvoir être su et prévu bien à l'avance. Cela nous fait souvent commettre des erreurs majeures d'évaluation, et nous fait négliger certaines alertes parce que « ce n'est plus arrivé depuis longtemps ». Et pourquoi ce n'est plus

1. Aucun cas depuis 1977 en Somalie et déclarée officiellement éradiquée en 1980 par l'OMS.

arrivé ? Parce que nous maîtrisons. Nous pouvons construire des maisons en bord de mer et ne pas comprendre qu'un jour une vague plus puissante que les autres les balaie. Bâtir des villages au pied de volcans endormis sans accepter qu'ils pourraient se réveiller un jour.

Des crises localisées qui ne nous apprennent généralement pas à modifier nos comportements. Pompéi détruite par le Vésuve il y a 2000 ans n'a pas suffi pour empêcher le Cap-Vert de construire les villages de Portela et Bangaeira, entièrement détruits en 2014 par les laves du Pico do Fogo. Au lieu d'arrêter de construire des maisons en bord de mer, nous pensons que nous saurons les construire plus solides, plus stables. Jusqu'à la vague encore plus grande. Car la certitude est là. Ce n'est qu'une question de temps : il y aura toujours une vague plus grande.

Pour autant, comment se préparer à tout : aux inondations, aux canicules et autres drames écologiques, aux maladies, aux économies vacillantes, aux météorites, aux centrales nucléaires défaillantes ? Et plus encore, aux catastrophes encore totalement imprévisibles ? Gérer le stock de centaines de produits, des comprimés d'iode aux masques, des tenues de protection aux tests divers ; assurer le suivi de millions de données météorologiques, sanitaires, terroristes, économiques et les faire connaître au bon moment au bon endroit dans un monde de plus en plus protéiforme. Les grandes mutations sont nombreuses entre les changements climatiques et environnementaux, sociétaux, la question de la surpopulation et les nouvelles technologies. Les risques, souvent mal identifiés, augmentent proportionnellement. J'ai beaucoup lu durant la crise comme une preuve du constat d'échec de nos décideurs, que « gouverner, c'est prévoir ». C'est assez vrai. Et pourtant, en tant que tel, assez faux. Croire que l'on peut tout prévoir, comprendre, anticiper, est une illusion de puissance. Et c'est cette impression, tant au niveau des gouvernements que des citoyens, qui a parfois (souvent ?) fait prendre des décisions contreproductives en matière de risques dans de nombreux pays, et en l'occurrence concernant la pandémie. Outre une éducation généralement centrée sur les besoins plus que sur les savoirs – nous y reviendrons –, les trop nombreuses strates de décision et de « contrôle » et une communication globalement déplorable, tout était réuni pour que le virus nous pousse dans nos derniers retranchements. Ce qu'il a fait allégrement. Faut-il dès lors vivre dans une peur permanente ? Ce serait terrifiant et injustifié. Car il est des manières de se prémunir des plus grandes catastrophes, de les accepter et de les gérer le cas échéant. Et la première d'entre elles est sans doute la capacité à l'humilité qui a globalement fait défaut à tous les niveaux, tant chez les décideurs gouvernementaux que chez les « experts », et même chez les citoyens et citoyennes[1]. Nous savions qu'une telle pandémie pouvait survenir, mais nous pensions que nous pourrions la contrôler. Parce qu'une telle épidémie mondialisée ne s'était plus produite depuis un siècle.

Avons-nous bien géré ?

Quantité d'articles de presse, de livres et de commentaires cherchent à évaluer la qualité de la gestion de la crise par les pays, souvent en les comparant les uns aux autres. Si tout le monde est assez unanime pour estimer que le manque de préparation, l'absence de masques et de tests sont un fait avéré pour plusieurs pays, dont la France, beaucoup pointent aussi le confinement comme une grossière erreur, une mesure d'un autre âge, défaillante, donnant d'ailleurs parfois l'impression aux citoyens de chaque pays que seul le sien a pris de telles mesures. Le site Covidinfo.net traitant même le confinement de pire escroquerie sanitaire du XXIe siècle, s'appuyant sur une prépublication anglaise d'un certain Mohamed Sofiane Zelmat, un « chercheur » sans université de rattachement,

1. Voir plus particulièrement le chapitre 2.

et dont la spécialité est les appareils de mesure. Une source peu utile pour évaluer l'efficacité des confinements. Il est vrai que tous les pays n'ont pas fait le choix d'un confinement total, et que ce dernier a et aura des conséquences très importantes à long terme. Son bien-fondé devra être sérieusement évalué, surtout dans la perspective de le remettre en vigueur en cas de nouvelle vague virulente. Une méthode que des dizaines de pays ont cependant utilisée, impliquant jusqu'à la moitié de la population mondiale. Certains pays qui avaient décidé de méthodes différentes y sont finalement venus, comme le Royaume-Uni ou plusieurs États des États-Unis, et à l'heure où j'écris ce livre, plusieurs régions du monde sont en train de se reconfiner : de l'Espagne à l'Inde, de la Colombie à la Chine, et même Hong Kong, souvent citée en exemple pour sa gestion de la crise, a décidé le 10 juillet de durcir les règles sociales en refermant les écoles, les bars et en demandant à sa population de sortir le moins possible. En réalité, tous les pays ont pris des mesures extrêmement restrictives face à la pandémie, comme des surveillances très poussées ou des interdictions absolues de déplacement hors de son domicile.

Le *Coronavirus Government Response Tracker* a été mis au point par l'université d'Oxford et la Blavatnik School of Government. Il agrège les informations de 17 indicateurs pour évaluer la rigueur des restrictions des libertés face au virus, et est remis à jour quotidiennement. L'échelle va de 0 à 100, 100 étant le plus extrême. Tous les pays partaient de 0 selon leur niveau politique initial. Les restrictions de cet indice ne concernent donc que les règles ajoutées à celles habituellement en vigueur dans chaque pays de manière normalisée. L'ensemble des 193 pays évalués a passé au moins une période à un niveau de restriction supérieur à 50 excepté trois d'entre eux, la Biélorussie et le Nicaragua, deux pays déjà considérés comme parmi les plus répressifs du monde, ainsi que la Suède. 80 % des nations ont dépassé les 85 points, allant jusqu'à 96 pour la Nouvelle-Zélande, et 100 pour l'Argentine ou l'Inde et bien d'autres pays. La France est montée jusqu'à 90 et la Suisse 73.

Alors oui, des pays ont fait le choix d'un confinement absolu, parfois même violent comme en Inde, aux Philippines ou à Wuhan. D'autres ont choisi des confinements presque intégraux, mais sur la base de l'incitation plus que de l'injonction légale, comme la Suisse ou l'Allemagne, quand quelques pays décidaient de ne pas confiner sinon de manière très ciblée, et, beaucoup plus rarement, de ne même pas fermer les lieux publics de vie comme l'a fait la Suède. Beaucoup de voix s'élèvent pour considérer que les masques, la distanciation sociale et les tests sont les armes absolues contre le virus. Pour autant, trois points me paraissent importants au moment de faire des comparaisons.

– Il est extrêmement difficile de comparer les pays les uns aux autres comme nous le faisons puisque chacun a des règles, des lois, des cultures, un climat, des modalités démocratiques et un rapport à la liberté différents au moment d'affronter une pandémie. Certes, la Corée du Sud souvent citée en exemple s'en est très bien tirée avec un taux de mortalité par habitant très faible. Mais accepterions-nous les règles quotidiennes en vigueur dans ce pays, où sortir du sentier lors d'une balade en forêt ou en moyenne montagne peut être sanctionné et où la liberté individuelle s'est effacée depuis longtemps au profit du collectif ? Des règles préexistantes qu'il est facile de durcir un peu plus encore au moment d'une épidémie, sans générer de conflits sociaux ; accepterions-nous comme à Hong Kong le port de bracelet électronique pour s'assurer que l'on ne quitte pas le périmètre de son domicile ou un traçage permanent et absolu de nos mouvements *via* nos téléphones portables comme à Singapour, avec amende immédiate en cas de non-respect des distances ? Au vu des débats virulents soulevés en Suisse ou en France par les applications fondées exclusivement sur le suivi des contacts dans le but d'enrayer la propagation de l'épidémie, on peut en douter. Après deux mois de mise en place, l'appli française StopCovid n'a été téléchargée que 2,3 millions de fois. Les manifestations en Allemagne contre le port du masque disent à peu près la même chose. Nous ne sommes pas prêts à accepter de manière pérenne des contrôles de nos mouvements, et c'est absolument normal.

– Dans le monde entier, les débats d'experts ont fait rage pour déterminer la réalité de la maladie, les soins possibles et les méthodes pour l'endiguer. Les avis des spécialistes médicaux étaient pour le moins *très* divergents. Qui fallait-il écouter au moment de prendre des décisions ? Christophe Prudhomme, président de l'Association des médecins urgentistes de France, qui déclarait le 6 mars qu'on n'en faisait beaucoup trop pour une simple grippe ? Ou au contraire, les syndicats des internes en médecine qui demandaient « un confinement total et absolu, à l'instar des mesures déployées en Chine » et les injonctions des autres pays qui commençaient à s'enfermer comme l'Italie ? La question de savoir qui écouter est donc très complexe pour des décideurs non spécialistes d'une situation : aucun dirigeant n'est épidémiologiste ou médecin, même s'il semble que celles et ceux avec un bagage scientifique s'en soient mieux sortis que les autres. Le choix des pays a donc été de constituer un conseil scientifique, avec des personnalités variées, et de se conformer au mieux à leurs préconisations. Et en se cachant parfois derrière.

– Enfin, il n'est jamais possible de savoir exactement ce qu'il se serait passé si une autre décision avait été prise, puisque les comparaisons sont hasardeuses. Et il est toujours plus facile d'observer le match terminé pour compter les points que de prendre les décisions en cours de partie. D'autant plus lorsque la partie contient autant de facteurs et de données inconnus.

À titre personnel, je ne pense pas que le confinement total, sanctionné par amende, soit justifié. Lorsqu'il faut interdire plutôt que de demander, c'est en général un échec de l'éducation et de la solidarité. Surtout, pour avoir vécu d'autres types de confinement et en regardant l'ensemble des données, j'ai craint dès le début que les effets à long terme de ces mesures puissent être désastreux. Avec l'Institut Adaptation et nos partenaires, nous avons adressé une note en ce sens au Conseil scientifique le 13 avril 2020. Les décisions prises n'ont tenu compte, la plupart du temps, que des aspects sanitaires sans considérer l'ensemble des paramètres, comme les impacts mentaux et les mortalités décalées – famines, manque de soins… – provoqués par la chute des économies, et ce à long terme. Les décisions se sont appuyées sur une équation à beaucoup trop d'inconnues. Car il n'y a qu'une certitude absolue lors d'une crise majeure : il faut décider et agir, quand bien même les informations manquent ou qu'elles évoluent beaucoup. C'est pourquoi la communication est une des clés absolues des crises.

2. Un monde qui s'étouffe sous la communication

Les questions au cours d'une crise sont classiquement les mêmes. Au moment où elle survient, « que devons-nous faire ? » Lorsqu'elle commence à se résoudre, « qu'aurions-nous dû faire pour l'éviter ou l'atténuer ? » – avec plus ou moins de bienveillance dans l'analyse des faits. Et, une fois dépassée, « que devons-nous faire pour que cela ne se reproduise pas ? » L'ensemble de ces questions englobe généralement les mêmes problèmes. Avec une quantité d'informations limitée – il est rare qu'une crise survienne si l'on a toutes les informations et que l'on a agi en parfait accord avec ces dernières –, comment prendre les « bonnes » décisions dans un temps limité ? Et comment les communiquer à l'ensemble des personnes concernées ? Car la plus belle des idées ne peut rien si elle n'est pas transmise *et* comprise par celles et ceux qui devront la mettre en œuvre. Il ne s'agit pas seulement de dire ou d'informer, il faut faire comprendre le sens et les besoins qui permettent de mettre en œuvre des actions collectives, accessibles pour toutes et tous. Enfin, tenir compte de l'état émotionnel des personnes concernées, ce qui est le plus souvent oublié, est une clé initiale de compréhension pour ajuster sa communication.

L'observation de nombreuses crises m'a convaincu que les problèmes augmentent exponentiellement en cas de mauvaise communication, jusqu'à devenir rapidement le véritable problème à gérer. Comme le dit Joseph Scanlon, professeur émérite et directeur de l'unité de recherche sur les communications de crise de l'université Carleton à Ottawa : « Toute crise est une crise d'information : qui ne maîtrise pas cette crise d'information ne maîtrisera pas la crise, y compris dans ses aspects directement opérationnels. »

Dans bien des cas, et bien des pays, c'est le problème de fond qu'a rencontré la crise de la Covid-19.

Depuis plusieurs années, l'arrivée d'un nouveau virus potentiellement mortel pour l'humain était annoncée par divers spécialistes. Le SRAS et le MERS avaient déjà été des alertes claires. En 2017, une équipe de l'Institut de virologie de Wuhan, qui a étudié durant cinq ans les coronavirus de chauves-souris dans une grotte du Yunnan, a estimé que leur recombinaison pour permettre une transmission humaine est « probable, et qu'il est faut se préparer à l'apparition de nouvelles maladies ». Une communication scientifique totalement passée inaperçue, comme bien d'autres du même type. Plus grand public, il y a la fameuse conférence TED de Bill Gates en 2014 – au cours de laquelle il estimait : « Nous ne sommes pas prêts pour les prochaines épidémies » – qui a fait couler tellement d'encre virtuelle sur les réseaux sociaux, où certains sont allés jusqu'à estimer qu'il aurait lui-même créé le SARS-CoV-2 afin d'imposer la vente d'un vaccin, puisque l'ensemble de son argumentaire est fondé sur le besoin d'investir plus pour créer des vaccins.

La question n'était donc pas tellement de savoir si une pandémie devait survenir un jour, mais quand et à quelle échelle ?

Vous avez dit vérité ?

La règle sanitaire internationale est claire depuis 1951 lorsque les États membres de l'OMS ont défini un ensemble de mesures pour protéger le monde de ce que l'on appelait les « maladies à quarantaine » : le choléra, le typhus, la fièvre jaune, la variole, la peste et la fièvre récurrente à poux. Avec la disparition des trois dernières, elles ont été réduites à trois en 1981. Mais depuis 2005, la règle a changé. Devant l'émergence de nouvelles maladies et la résurgence d'anciennes, le règlement s'est élargi et stipule que tout pays découvrant un nouveau pathogène doit en avertir au plus vite l'OMS qui a le mandat de vérifier l'information, d'en évaluer la dangerosité et de lancer les alertes nécessaires. Il semble bien que cela n'ait pas été le cas. Car si l'OMS, au travers de son directeur Tedros Adhanom Ghebreyesus, a largement félicité la Chine pour sa réactivité courant janvier, on a appris le 29 juin, par une note de révision de la chronologie, que ce n'est pas la Chine qui l'a prévenue le 31 décembre, mais l'OMS qui a dû demander des explications à la Chine à la suite de plusieurs alertes de syndromes respiratoires aigus survenus dans le pays. La communication initiale, celle qui aurait dû permettre à tous les États de se préparer, a donc été visiblement retardée de plusieurs jours[1], puisque ce n'est que le 3 janvier que la Chine répond : « Heu, oui, ben en effet, on a un petit souci ! »

Dans le cas d'un microbe mortel transmissible par air ou par eau, la vitesse des réponses et la réduction des échanges, tels les déplacements,

1. Si l'on considère que la Chine n'était pas au courant bien plus tôt.

sont primordiales pour éviter sa propagation à d'autres territoires. Chaque heure compte lorsque l'on sait le nombre de personnes qui se déplacent à tout instant de l'année. Rien qu'en avion, cela représente presque 2300 personnes par minute, soit 3,2 millions par jour[1]. Et ce n'est rien comparé aux trains, voitures et autres moyens de locomotion et de contacts. Ajouté à l'incroyable quantité d'échanges de marchandises transfrontalières et l'on comprend mieux ce que signifie, de nos jours, une journée de retard d'une alerte. Cette facilité d'échanges est incomparable à toute autre pandémie de l'histoire.

La rapidité de réaction est la clé de toutes les crises, une vélocité initiale, puis une capacité à réajuster ses décisions à l'instant où une nouvelle information probante est connue. Cela signifie bien entendu que les informations soient véritables et honnêtes. Une notion difficile à appréhender tant les enjeux sont importants pour les pays dans un contexte de mondialisation exacerbée et d'une interdépendance énorme entre nations, tout en provoquant, depuis quelques années, une défiance et un repli de plus en plus évidents. Un seul chiffre raconte ce phénomène souvent lié à la peur : sur les 250000 km de frontières terrestres dans le monde,

1. Données avant la Covid-19.

10 à 15 % sont désormais emmurés, avec 75 murs construits ou annoncés dans le monde, dont 40000 km déjà existants[1]. Contrairement aux espoirs européens de 1989, lors de la chute de ce que l'on avait appelé, pleins d'espoir, le « dernier mur », la nouvelle géopolitique créée par la mondialisation a entraîné depuis le début des années 2000 une multiplication des barrières, comme une réaffirmation par les États de leur souveraineté et de leurs frontières. Mais ces murs physiques sont surtout une représentation intellectuelle de la vision des pays les uns envers les autres, où jeux de pouvoir et méfiance mettent à mal les belles idées, pourtant indispensables, de collaborations nées après-guerre, avec la naissance de l'ONU (1945) et de l'OMS (1948). Ces instances, imaginées pour donner un cadre de confiance entre les pays et s'assurer que les échanges se fassent dans les meilleures conditions, sont plus que jamais remises en question, comme l'illustre le retrait unilatéral des États-Unis de l'OMS en pleine crise sanitaire, signé officiellement le 8 juillet 2020. Une organisation dont les 4,42 milliards de dollars de budget – ce qui est faible vu l'ampleur des enjeux – ne sont financés que pour

1. La quantité de murs (qui peuvent être parfois des barrières ou des clôtures) est discutée par les spécialistes sur la définition de ce qu'est un mur. Mais tous sont d'accord sur la même chose, ils sont en constante augmentation.

un quart par les États de manière obligatoire, selon la fortune et la population de chaque pays, et aux trois quarts par des contributions volontaires des pays ou d'organismes privés et de fondations. Cela provoque de fortes inquiétudes. Depuis le retrait du gouvernement américain, son premier contributeur est désormais la Fondation Bill et Melinda Gates, ce qui a alimenté nombre de théories du complot, mais qui questionne surtout sur la capacité de l'OMS d'interagir avec les États en leur imposant des règles strictes. D'autant plus que son directeur Tedros Adhanom Ghebreyesus, ancien ministre de la Santé éthiopien, et très proche de la Chine – pays qui est le premier financeur de l'Éthiopie – est souvent accusé d'être de connivence avec ce pays, devenu le plus gros contributeur national de l'OMS. Cette absence grandissante des États et les doutes qui planent sur cet organisme capital sont gênants au quotidien et deviennent dramatiques en temps de crise mondiale.

Dans ce contexte d'enjeux internationaux, de soutiens parfois contre nature, de besoin de se montrer apte à mieux gérer les situations que les autres et de garder une supériorité financière ou intellectuelle, comment être sûr que les uns et les autres disent la vérité concernant l'état des lieux à propos de la crise de la Covid-19, comme de toutes les autres crises par ailleurs ? Les questions sont ainsi nombreuses pour savoir si ces informations sont probantes. La Chine a-t-elle immédiatement dit la vérité sur les données qu'elles détenaient ou a-t-elle d'abord espéré résoudre le problème en interne pour ne pas être stigmatisée ? Des pays comme la Russie, l'Inde ou le Pérou remontent-ils vraiment l'ensemble des données sur le nombre de décès et en sont-ils capables ? L'Europe est-elle vraiment le pire endroit où vivre au temps de la Covid-19 comme semble l'attester le nombre de décès par habitant au 1er juillet 2020, et comme les habitants de plusieurs pays la composant l'affirment chaque jour ? Si l'on en croit certains commentateurs, la France serait le « pire pays, celui où l'on meurt le plus, qui a le plus mal géré la crise », sans parler des nombreuses accusations « d'être une dictature » et de plus grande menteuse sur les chiffres. Des discours que l'on retrouve dans différentes démocraties d'Europe. En oubliant un peu vite que ce droit d'écrire que le Président est un salaud et les ministres des pantins existe justement parce que ces pays défendent la liberté d'expression.

Mais là n'est pas le sujet. Le fait est que la capacité à connaître la vérité la plus précise possible est un élément prépondérant d'une crise, avec la rapidité de réaction. Et que cette capacité se réduit de manière proportionnelle au nombre de pays et d'acteurs impliqués.

La première question de la communication est donc de savoir si les informations sont fiables et si elles ne le sont pas, comment avoir suffisamment de données pour prendre des décisions efficaces. Plusieurs pays ont exprimé une défiance marquée envers la sincérité de la Chine, dont certains par voie officielle, comme l'Australie ou les États-Unis, qui ont même été jusqu'à l'accuser d'avoir créé le virus. Et la Chine a fait de même envers les États-Unis. Comment expliquer par exemple que seule la province de Wuhan ait subi des décès alors que les premières informations épidémiques faisaient état d'un déplacement du virus dans de nombreuses provinces, et en particulier dans le Xinjiang, avec son importante population ouïgoure, dont plusieurs dizaines de milliers d'individus ont été placées dans des camps « d'entraînement », en réalité des camps d'internement, avec une forte promiscuité, où l'épidémie cesse soudain sans raison apparente ?

Il peut sembler moyennement important de connaître le nombre exact de victimes par pays. Pourtant, il faut répondre à cette question terrible, mais réaliste : cette maladie est-elle réellement plus dangereuse qu'une autre et justifie-t-elle les mesures qui sont prises à son égard ? Toutes les comparaisons ont été faites, plus ou moins judicieuses : avec la grippe saisonnière, la malaria[1] ou la tuberculose[2] ; le nombre de décès dus aux cancers, à la famine ou même aux accidents de la route[3]. Des comparaisons hasardeuses, parfois. Le cancer ne se transmet pas, l'utilisation de la voiture n'est pas une obligation et il existe des moyens bien identifiés de se protéger du sida (le préservatif). En l'espèce, le mode de transmission a longtemps été mal connu, mais un point change beaucoup de choses : un simple contact avec une autre personne, même sans la toucher, peut suffire pour tomber malade. Et cela ne génère pas du tout les mêmes appréhensions qu'un accident de voiture ni les mêmes problématiques. Il faut connaître le nombre de décès, le taux de contamination, mais aussi les séquelles à long terme sur les personnes guéries pour ajuster les mesures au bon niveau. Avec la question récurrente : en faisons-nous trop ou pas assez pour lutter contre cette maladie en particulier, là où d'autres maladies ou autres causes de mortalité ne bénéficient pas de la même attention ?

1. 405 000 décès estimés pour 228 millions de cas dans le monde en 2018.
2. 1,8 million de décès dans le monde par an (dans les dix causes principales de décès) avec près d'un tiers de la population mondiale contaminée par le bacille tuberculeux.
3. Environ 3 000 par an en France et 40 000 en Iran.

En avons-nous trop fait, en faisons-nous trop ? Oui, sans aucun doute. Mais la réponse à une peur ne tient jamais compte que de l'élément qui provoque la peur, elle englobe également les répercussions de cette dernière. En l'occurrence, la crainte devient rapidement mondiale lors d'une épidémie de maladie transmissible, au point de s'autoalimenter jusqu'à devenir irrationnelle. Et c'est aussi contre cela que nous devons lutter.

Des informations qui évoluent

Dans bien des situations de catastrophe climatique ou de guerre, les canaux de communication sont grandement réduits ou totalement rompus, et l'ampleur des événements empêche de recevoir l'ensemble des données. En cas de nouvelles maladies microbiennes, ce sont plus la méconnaissance profonde de « l'ennemi », de son mode opératoire, de sa transmissibilité, son impact et les séquelles possibles de la maladie à long terme chez les personnes infectées qui limitent la capacité à donner des informations exactes.

C'est ce qui s'est déroulé pour le SARS-CoV-2. La connaissance scientifique *stricto sensu* était quasi nulle début janvier à son sujet, et il a fallu apprendre à marcher tout en ayant besoin d'aller plus vite qu'un champion olympique du 100 mètres, tant l'urgence était grande. Aujourd'hui, plusieurs études s'accordent pour déterminer un taux moyen de létalité entre 0,5 % et 0,7 % des personnes contaminées, ce qui est tout de même au moins cinq fois plus élevé que la grippe si l'on prend les chiffres récents, une maladie qui tue de moins en moins depuis 1970 (dont les chiffres de la létalité sont encore souvent utilisés pourtant) grâce au progrès de la médecine. Au début de la pandémie, avec beaucoup moins de connaissance, les taux annoncés étaient plutôt de 3,5 % à 5 %, largement plus inquiétants, même si dès le 21 mars, Édouard Philippe, alors Premier ministre, nuançait déjà ces chiffres : « Les médecins nous indiquent que si la Covid-19 est bénigne pour 80 à 90 % de ceux qui sont infectés, 5 % des contaminés risquent d'être placés en réanimation et qu'elle peut être mortelle pour 1 % d'entre eux. » Il n'est donc pas judicieux de juger les décisions passées à l'aune des connaissances actuelles, mais bien de réviser ses décisions à mesure de l'évolution des savoirs. Sinon, nous enseignerions toujours que la Terre est plate malgré les découvertes scientifiques évidentes sur ce sujet.

Malgré ces évolutions et débats d'experts (et trop souvent de non-experts aussi), rarement une pandémie n'a été aussi vite comprise dans ses grandes lignes et aussi largement étudiée dans l'histoire humaine : il a fallu soixante-dix ans pour comprendre le fonctionnement du choléra entre la première épidémie moderne en 1817-1824 à Calcutta, en Inde (qui fit 100000 morts), jusqu'à son identification lors de la seconde pandémie en 1883 par Robert Koch. Il a longtemps été considéré comme une maladie aérienne, et toutes les précautions étaient prises pour réduire les contacts de ce type, avant de découvrir qu'il était en réalité dû à une bactérie transmissible par les eaux contaminées. Il n'a fallu que quelques semaines pour avoir le génome complet de la Covid-19, partagé dès le 12 janvier par les laboratoires chinois, pour que scientifiques et laboratoires puissent travailler dessus, autant que sur son mode de propagation ou de fonctionnement. Une rare collaboration scientifique mondiale qui a permis d'avancer à grands pas. Sans miracle non plus. Comprendre un virus, une maladie nouvelle, en ne partant de presque rien, prend du temps. Les erreurs sont susceptibles d'être nombreuses, plus encore dans la précipitation dues au fait de vouloir trouver des réponses le plus vite possible. Parfois trop vite. La pression a été énorme sur les chercheurs qui se sont parfois perdus dans leur désir de comprendre rapidement ce nouveau phénomène ou, pour certains, dans l'attrait de la gloire d'une découverte majeure. Des centaines de publications et prépublications sont parues, souvent trop hâtivement, qui ont donné lieu à un taux sans précédent de rétractations.

Comment savoir sur lesquelles s'appuyer avec certitude ?

Cela implique une grande vélocité de réaction, avec une prise de parole claire et ferme, autant que la certitude que les informations vont grandement évoluer au fil du temps, jusqu'à parfois s'avérer contraire aux connaissances initiales. Et de l'accepter. Il faut donc une extrême humilité au moment de prendre la parole pour expliquer une telle crise. Le doute doit être le moteur, le courage d'admettre que l'on ne sait pas, un principe nécessaire, l'honnêteté, le socle absolu. Il n'est pas question de laisser planer l'incertitude d'un manque de décisions, d'une attente coupable pour voir dans quelle direction se tourner. Mais donner une direction, un objectif, des instructions permettant de se mettre en mouvement tout en martelant un principe simple : ce que je sais aujourd'hui, je vous le dis, ce que je décide en est dépendant… et demain tout peut changer ! Parce que de nouvelles informations arriveront, parce que je me serai peut-être trompé. Et que dans les deux cas je vous le dirai, et nous reprendrons alors notre chemin à partir de ces nouvelles informations. Mais la modestie et l'humilité ne sont pas les postures politiques les plus répandues chez les dirigeants, dont beaucoup pensent que la démonstration de compétence passe par la certitude et la force. C'est d'ailleurs souvent ce qu'attend aussi la population. Je n'avais jamais vu autant de demandes de déploiement militaire venues du peuple pour surveiller des populations dans plusieurs pays du monde, heureusement peu suivies d'effets, à quelques exceptions notables de l'Afrique du Sud, de régions de l'Inde ou des Philippines, où le président Rodrigo Duterte incitait policiers et militaires à abattre les éventuels fauteurs de troubles qui oseraient sortir de chez eux. À l'inverse, plusieurs dirigeants ont tout fait pour minimiser le problème et refuser toute restriction, comme Jair Bolsonaro, le président brésilien, qui n'a cessé d'attaquer les gouverneurs des provinces qui prenaient des mesures pour endiguer la propagation du virus, jusqu'à déclarer en Conseil des ministres, le 22 avril : « Ce que les gens font avec le virus, comme cette merde de gouverneur de São Paulo, ce pourri de Rio de Janeiro entre autres. Comme cette merde de maire de Manaus qui est maintenant en train de creuser des fosses communes, cette merde. » Des démonstrations de forces viriles, affirmées par des bains de foule, même après avoir été contaminé lui-même, ce qui a provoqué le limogeage et la démission successive de deux ministres de la Santé, pour protester contre sa gestion de la crise sanitaire. Et il n'y a plus aucun candidat à ce poste depuis le mois de mai… Fin juillet, une coalition d'un million de professionnels de la santé brésiliens a même déposé une plainte pour crime contre l'humanité auprès de la Cour pénale internationale (CPI) de La Haye. Cela n'a pourtant pas fait chuter le taux de popularité de Bolsonaro dans le second pays le plus touché au monde par la pandémie avec 100 000 morts déclarés, et probablement cinq à sept fois plus de morts non déclarés dans les favelas selon des chercheurs locaux. Aux États-Unis, Donald Trump n'a pas été en reste avec ses déclarations « antisystème » comme il le prétend lui-même, ce qui lui a valu une certaine popularité. Il a déclaré que si l'eau de Javel tue le virus, il serait intéressant d'en boire ou de s'en injecter pour se soigner, ou que s'exposer aux UV serait une bonne idée. Il soutient la nouvelle coqueluche de la santé américaine, Stella Immanuel, médecin et pasteure, « hache de guerre de Dieu » comme elle se décrit. Ce chantre de l'hydroxychloroquine et du zinc, anti-masque, défend également l'idée que les membres du gouvernement sont mi-hommes, mi-extraterrestres, que les problèmes gynécologiques sont causés par du sperme de démon et elle dénonce régulièrement l'usage d'ADN extraterrestre en médecine. Mais Trump la trouve impressionnante. Il prend aussi régulièrement des positions contraires de celles de l'expert en maladies infectieuses pour la Maison Blanche, le docteur Anthony Fauci, tout en se plaignant régulièrement que ce dernier soit plus apprécié que lui par les Américains.

Heureusement, face à cette situation exceptionnelle, quelques leaders ont su adopter une attitude humble et généralement efficace. À ce jeu de gouvernance, certains pays s'en sont mieux sortis que d'autres. Alain Berset, membre du Conseil fédéral suisse, l'a bien compris en déclarant dès le 20 mars : « Il faut rester flexible. Je ne sais pas ce qui va se passer. Nous agissons si besoin. Mais c'est le comportement des gens qui sera décisif, pas la politique, pas les annonces. Dans cette crise, parfois, ce que nous disons aujourd'hui n'est plus vrai demain. »

La chancelière allemande, Angela Merkel, adopte, quant à elle, dès le début de la crise une attitude de transparence et de modestie très affirmée avec comme « maître mot, [...] la prudence et non l'excès de confiance », à l'opposé – cela a été beaucoup souligné – du discours martial et souvent rempli de certitudes du Président français et son désormais célèbre : « Nous sommes en guerre ».

D'autres ont su faire des *mea culpa* tardifs, comme en Angleterre ou en Suède, deux des rares pays européens à avoir pris le parti de ne pas confiner et de ne pas prendre de mesures particulières en espérant créer une immunité collective. Le Royaume-Uni, cinquième pays le plus touché au monde en nombre de morts, a fini par confiner sa population le 23 mars pour une durée initiale de trois semaines, et finalement de plusieurs mois. Boris Johnson, contaminé lui-même et qui a senti qu'il « aurait pu y laisser la vie », a plaidé en faveur de cette décision, fort d'une nouvelle humilité après avoir remercié profondément tous ceux qui se sont occupés de lui avec dévouement à l'hôpital. La Suède, cinquième pays le plus touché, a quant à elle reconnu par la voix de son épidémiologiste en chef, Anders Tegnell, avoir eu trop de décès et qu'elle n'agirait sans doute plus de la même manière, tout en restant sur des positions opposées à la plupart des pays européens sur le port du masque, en ne donnant aucune directive à ce sujet.

Sur ce point de communication, il faut dire que la France n'a pas vraiment été parmi les bons élèves. Moins par la prise de parole régulière des acteurs en présence, à commencer par le Premier ministre d'alors, Édouard Philippe, que par un refus presque systématique d'admettre les erreurs et les errements. Jusqu'au président Macron qui dira, lors de son allocution du 14 juin 2020, qu'il n'y a jamais eu de problème de masques ni de pénurie alors que cette thématique avait accompagné presque chaque journée depuis le début de la crise, et l'accompagnait encore avec la décision du 14 juillet de les rendre obligatoires à l'intérieur des lieux publics clos dès le 20 juillet, puis dans les rues de plusieurs villes en août, après que les préfets ont reçu mandat de gérer cet aspect. Des masques qui auront été le sujet des polémiques les plus importantes avec l'hydroxychloroquine. De la Suisse à l'Espagne, de l'Italie à la France, les discours politiques n'ont cessé de changer sur ces derniers, passant de « Ils ne sont utiles qu'aux personnels soignants » à « Tout le monde doit les porter, y compris dehors ». Des discours difficiles à comprendre pour les populations qui n'ont pas eu droit à cette vérité simple « nous n'avons pas assez de masque aujourd'hui, aussi nous les réservons aux personnes les plus exposées », avec parfois une mauvaise foi évidente, comme celle de l'ex-porte-parole du gouvernement français, Sibeth Ndiaye qui affirmait le 20 mars, après avoir expliqué la raison de la pénurie de masques : « Et vous savez quoi, moi je ne sais pas utiliser un masque. Je pourrais dire, je suis ministre, je me mets un masque, mais en fait je ne sais pas l'utiliser parce que ce sont des gestes précis. » Un exemple parmi des milliers d'autres, dans plusieurs pays, d'une communication infantilisante, un pari sur le mensonge stratégiquement grave en raison d'une dimension majeure des crises, trop souvent oubliée : les émotions.

Les émotions, « stars » des crises

Si vous avez peur de mourir, de voir vos proches mourir ou de perdre ce qui vous est cher – famille, moyens de subsistance, maison… –, vous attendez des réponses. Et, si elles ne viennent pas, vous allez les chercher vous-même, et tout faire pour les trouver. La question ne sera plus totalement ce qui est vrai ou non, ce qui a du sens à long terme ou non, mais ce qui peut maintenant et aujourd'hui apaiser les émotions les plus négatives qui envahissent nos cerveaux : anxiété, peur, stress, doute, culpabilité, qui peuvent provoquer une forte tristesse, la haine, une stupeur paralysante ou de la colère. Des émotions simultanées ou successives, plus ou moins fortes suivant les individus, mais présentes chez tout le monde devant une crise d'une telle ampleur. Des émotions qui ont une influence majeure sur nos réactions. Elles provoquent généralement une certaine fragilité qui peut nous pousser rapidement vers des comportements inhabituels pour nous, voire peu compréhensibles. Nous le savons tous, nous sommes plus sensibles aux événements lorsque nous sommes émotionnellement déstabilisés après, par exemple, une rupture ou dans le cas d'une peur incontrôlable. Si la situation est passagère et rapidement maîtrisée, cela n'aura que peu d'impact. Mais si les faits perdurent, s'installent sur le long terme ou sont attisés par de nouveaux doutes, cet état émotionnel peut devenir délétère, voire dangereux. Nous devenons particulièrement sensibles, réactifs, et surtout en quête des moindres éléments qui pourront nous rassurer et apaiser l'inconfort que ressent notre cerveau devant une situation qui le met en mode panique, sans que nous nous en rendions forcément compte. Cela peut nous rendre irritables ou perdus, en quête de réponses.

Dans ces moments-là, la rationalité devient un marais insalubre qui demande énormément d'efforts et d'ingéniosité pour être traversé, alors que les certitudes sont de charmants petits anges, sympathiques, qui vous montrent un chemin évident et facile à suivre. Le principe de base de la communication de crise est de vous donner des moyens pour vous engager dans le marais au bout duquel se trouvent les réponses, sans alimenter les petits angelots qui se repaissent du moindre doute, de la moindre contradiction, de toute confiance ébranlée. Ce besoin de se rassurer à tout prix est un biais cognitif naturel[1]. C'est pourquoi, dans les situations générant de l'incertitude et des peurs, la communication doit être utilisée avec beaucoup de mesure, d'humilité, de précision, puisque ce

1. Voir chapitre 5 sur les biais cognitifs.

n'est plus totalement la raison qui écoute, mais les émotions anxieuses qui cherchent désespérément un peu d'espoir. Des émotions qui sont malheureusement faciles à attiser et tellement difficiles à apaiser, plus encore quand elles se sont bien installées et que des éléments de persuasion – autres biais cognitifs bien connus – sont déjà bien ancrés. Et toutes les conditions ont été réunies durant cette crise pour créer une difficulté à gérer ses émotions.

Notre étude COVADPT a montré de forts niveaux d'anxiété chez plus de 60 % de la population française, y compris durant la période post-confinement, durant laquelle les fatigues mentales sont restées très présentes, voire ont augmenté. Et c'est encore le cas au moment de boucler cet ouvrage. Les difficultés à dormir avec des pertes de sommeil parfois importantes sont également marquées, avec 75 % de la population déclarant un sommeil dégradé. L'institut Ipsos révélait de son côté que plus de 85 % des citoyens présentaient un niveau d'inquiétude très important durant le confinement. Des chiffres confirmés dans plusieurs autres pays, dont la Chine, après les événements de Wuhan.

Même si cela n'a pas été ressenti comme tel par une partie de la population, un très grand nombre de personnes ont été fortement impactées et fragilisées par les événements. Des personnes qu'il faut rassurer par les discours et les faits, mais qui sont également des « proies » faciles pour les spécialistes de la peur, laquelle peut malheureusement rapporter gros. Elle est la plus facile à attiser et capte mieux l'attention.

Car ce n'est pas un événement comme une explosion ou un tsunami qui fait monter la peur d'un coup avant de s'apaiser au fil du temps. Ici, c'est le contraire, et c'est bien plus insidieux pour nous. L'anxiété est montée lentement, sans coup d'éclat au début, avec des nouvelles venant d'une Asie un peu trop lointaine pour se sentir vraiment en danger.

Il y a eu l'alerte lancée le 14 janvier par le ministère de la Santé aux agences régionales (ARS) et à tous les professionnels de santé par SMS ; le confinement de la province de Wuhan ; le rapatriement des Européens de Chine, entre autres les Français arrivés le 31 janvier ; l'annonce que l'OMS considère désormais la maladie comme une pandémie mondiale et le confinement de onze villes de Lombardie, en Italie, qui ne comptaient pourtant que 60 cas confirmés et deux morts, puis le confinement total de l'Italie. Et la prise de parole du président Macron, le 12 mars, annonçant la fermeture des écoles et autres restrictions, suivies, à peine quatre jours plus tard, par la stupeur du confinement total en France, et dans d'autres pays d'Europe.

La crainte est à chaque fois montée d'un cran, et les débats sont devenus très animés entre les tenants du « Ce n'est qu'une grippette et la vie continue » et ceux du « C'est un virus terrible qui pourrait tuer jusqu'à 10 % de la population ou plus ». Et cette tension peine à s'apaiser alors que les chiffres évoluent de nouveau à la hausse et qu'un nouveau confinement n'est pas exclu, comme l'indique l'avis n° 8 du Conseil scientifique du 27 juillet présenté par son président, Jean-François Delfraissy, alors que toute une partie de la population ne croit plus au danger. Ce serait, je pense, une grossière erreur. La menace plane pourtant toujours au-dessus de nos têtes, épée de Damoclès dont il semble que nous ne pourrons plus nous débarrasser…

Aussi, avons-nous besoin de nous rassurer en cherchant des réponses dans les informations ou au travers d'apprentissages nouveaux qui atténueront nos peurs. C'est d'ailleurs un élément marquant : alors que les informations arrivaient au fur et à mesure depuis janvier, les taux de consultation des médias ont explosé, en raison de la recherche effrénée d'éléments permettant de comprendre ce qui se passait et de se rassurer.

Or, cette crise se joue à l'heure du web 2.0 et des réseaux sociaux, de l'info en continu, de la recherche de clashs plus que de scoops, dans un contexte d'informations scientifiques contradictoires et malheureusement fréquemment erronées, voire mensongères. Elle s'est enfoncée dans un marasme de communication qui ne souffre d'aucune comparaison dans l'histoire. Cela a largement contribué à faire basculer la crise sanitaire, certes dangereuse et qui nécessitait des mesures d'urgence importantes, en crise systémique globale et en partie incontrôlable. Car ce ne sont plus les faits qui ont pris les commandes, mais les certitudes devenues, rapidement, inébranlables.

Didier Raoult ou le besoin d'être rassuré

L'univers a horreur du vide, les experts aussi, et les médias encore plus. Être docteur, même en lutherie, semblait suffisant pour justifier de prendre la parole et affirmer des opinions bien plus que des faits, sans filtre, sans recul. Si un virus a contaminé nos poumons, c'est un cancer qui s'est emparé de nos cerveaux, celui de la certitude sans nuance. On peut le dire de presque tout le monde, avec des impacts divers, mais généralement noyés dans la cacophonie générale. C'est dans ce contexte particulièrement anxiogène pour une population peinant à trouver les bonnes informations et désireuse de se rassurer, que l'homme qui allait devenir le symbole de cette crise, le professeur Didier Raoult, est entré en scène. Nous sommes le

25 février 2020, et celui qui sera rapidement surnommé « le druide » prend la parole dans une vidéo pour annoncer sans nuance : « C'est la fin de partie pour le virus. La solution, c'est l'hydroxychloroquine. Il suffit de prendre en charge les patients, de leur administrer le traitement, et tout ira bien. C'est l'infection respiratoire la plus facile à traiter. » En une vidéo, une prise de parole de quelques minutes, il vient de propulser l'éventuelle capacité à gérer sereinement la crise en France, ainsi que dans plusieurs autres pays du monde, dans un débat qui va devenir absolument surréaliste.

Car Didier Raoult n'est justement pas n'importe qui. Il n'a rien d'un complotiste qui, dans des vidéos fumeuses, dénonce tout ce qu'il passe à coups d'arguments fallacieux bien emballés. Membre fondateur et directeur de l'un des six instituts hospitalo-universitaires, celui spécialisé en maladies infectieuses à Marseille, il est l'un des infectiologues parmi les plus reconnus de France et mondialement cité en raison de ses découvertes majeures sur les virus géants[1], en 2003, autant que d'un nombre considérable d'articles qu'il publie

1. Un virus géant est caractérisé par une taille supérieure à 0,5 micromètre et un génome formé de plus de 300 000 paires de bases. Les Tupanvirus (découverts en 2018) dépassent même 1,5 million de paires de bases. Par comparaison, le SARS-Cov-2 en a 29 903.

chaque année. Lorsqu'un tel spécialiste prend la parole, on l'écoute et c'est normal.

Pour une population anxieuse qui craint pour sa vie, si un homme tel que lui a découvert LA solution, alors c'est qu'il a raison. Schématiquement, cela correspond à l'idée que, avant, j'avais peur de mourir et que soudainement je suis sauvé. D'autant plus que la solution ne coûte presque rien puisque l'hydroxychloroquine est un médicament ancien, tombé dans les génériques. Un beau pied de nez au « big pharma », qui représente à peu près tous les laboratoires et tenants de la médecine médicamenteuse qui ne cherchent plus à soigner, sinon leurs actionnaires.

Et il a été écouté. Plus que n'importe qui, contrairement à l'idée répandue que « Paris » ou « l'intelligentsia » ne lui donnent jamais la parole. Il est la personnalité la plus invitée sur les plateaux TV, à la radio et dans la presse écrite, de manière constante et répétée, et dont le nom a été le plus cité parmi tous les acteurs de la crise, s'en délectant au passage, riche de nombreuses petites phrases et piques empruntant à la « méthode Mélenchon » : « Tant que tu es d'accord avec moi, tout va bien, et si tu me contredis, c'est que tu n'es tout simplement pas assez intelligent pour me comprendre ». Sa question récurrente aux journalistes était d'ailleurs : « Et vous, combien de patients avez-vous soignés ? » Sous-entendu, « Vous ne soignez pas, donc taisez-vous ».

À mon sens, sur l'observation de la crise en tant que telle, il fait partie des personnes qui ont fait basculer les événements de crise sanitaire à crise globale. Non sur sa compétence médicale, mais au travers de sa communication. Car le débat va définitivement se détourner de la science pour entrer dans le champ de la persuasion. Sur le plan strictement médical, je n'ai aucune aptitude pour juger de la qualité du « traitement Raoult », soit l'association de l'hydroxychloroquine et de l'azithromycine, ni sur ses compétences de médecin. J'approuve d'ailleurs totalement l'une de ses théories qui énonce que, face à une crise, il faut agir en crise, avec le besoin de mettre en action rapidement des modalités pratiques, en sachant se passer de certains protocoles et vérifications. Ce sont les résultats du terrain qui doivent compter plus que les chiffres des statisticiens. C'est un principe clair, et personne ne demande à un médecin d'une zone de guerre dévastée d'agir de la même manière que dans un hôpital aseptisé et parfaitement équipé. Mais cela ne veut pas dire que tout doit être permis non plus, ni qu'il faut s'abstenir de toute rigueur. Et encore moins de l'indispensable crédit au doute qui doit impérativement accompagner la science. Didier Raoult et ses défenseurs n'ont jamais offert cette part au doute. Dans le contexte de peur grandissante et de besoin de réponse, cela a créé la pire pagaille qu'une crise puisse connaître, au point d'empêcher toute possibilité de réfléchir sereinement au problème pour trouver les solutions collectives nécessaires. Si les gouvernements ont fait des erreurs, parfois grossières, si les médias ont joué aux charognards se repaissant d'une bête encore vivante, cette prise de parole – comme toutes les diffusions de science sans aucune nuance – a contribué de manière substantielle à empêcher la recherche de solutions, en France et dans bien des pays du monde, ce qui est tellement dommageable pour une sommité médicale aussi compétente qui devait permettre de résoudre la crise plutôt que de l'attiser.

Car que l'on ne s'y trompe pas : il n'y a pas de complot initial contre le professeur Raoult, comme cela fut souvent prétendu. Le 25 février, en Europe, personne ne parle encore de la chloroquine ou de l'hydroxychloroquine[1] et Didier Raoult n'avait encore fait aucune observation de lui-même sur la question : c'est sur la base de la publication d'un essai clinique chinois[2], montrant

1. Son classement nécessitant une ordonnance de janvier 2020 avait été décidé en octobre 2019.
2. Un essai clinique est une étude scientifique en thérapeutique médicale sur les humains pour évaluer l'efficacité d'un

une suppression du portage viral en quelques jours sur des patients infectés au SARS-CoV-2 et traités par chloroquine que le professeur a donné son avis, qu'il aurait donc dû d'autant plus nuancer que les travaux n'étaient pas les siens. Le titre de l'étude elle-même est éloquent : « Le phosphate de chloroquine a montré une efficacité apparente dans le traitement de la pneumonie associée à la Covid-19 lors d'études cliniques ». Le terme *apparente* n'est pas à négliger. Au vu de cette étude prometteuse et de son expérience sur la chloroquine, le professeur obtiendra naturellement l'autorisation de conduire un essai clinique sur 24 patients dans son service, et sera appelé à faire partie du comité scientifique pluridisciplinaire de onze experts formé en mars par le gouvernement français. Ce qu'il acceptera avant de se rétracter parce qu'« il n'y avait pas de compatibilité génétique entre nous, ce n'était pas possible ». Pas de complot donc. Mais le manque de doute. Il eut dit : « Je pense que la chloroquine est peut-être une solution parmi d'autres, et je vais m'employer à la tester » que rien n'aurait été pareil. Car quelques points sont à prendre en compte :

– Au moment de cette déclaration, le monde compte 80 000 contaminations pour

---

traitement par exemple.

2 700 morts et l'Europe est à peine touchée. La France compte 12 cas pour un décès, l'Italie 229 pour 6 décès et aucun autre pays d'Europe n'a encore enregistré de décès. La « fin de partie pour le virus », qui signifie que le virus est battu, qu'il n'a aucune chance face au traitement, aurait dû signifier une très faible augmentation non des contaminations, mais du nombre de victimes. Cinq mois plus tard, le 10 août, le monde compte 19 670 000 contaminations pour 727 500 décès, dont 29 % en Europe, 22 % aux États-Unis et en augmentation dans le reste du monde, avec une utilisation massive de l'hydroxychloroquine dans certains pays, dont les États-Unis.

– Sur le plan médical, presque toutes les études se sont montrées défectueuses, tant celles prouvant l'efficacité du traitement que celles déterminant sa dangerosité ou simplement son inutilité. L'étude initiale du professeur Raoult se fondait sur un échantillon composé de peu de personnes, avec une méthodologie plus que discutable, dont le passage de patients d'un groupe de traitement à un autre. D'autres études dans le monde souffriront des mêmes problèmes. Le docteur Vladimir Zelenko annonce avoir guéri 600 patients grâce à l'hydroxychloroquine à New York. Après enquête, il s'avère que seuls 350 patients ont été traités, et que de cette patientèle, on ignore absolument tout des facteurs de risque. Mais cela est aussi dramatiquement vrai d'études démontrant son inefficacité, la plus connue étant celle publiée le 2 mai dans la prestigieuse revue *The Lancet* par les professeurs Mehra, Desai, Ruschitza et Patel, retirée le 4 juin à la suite de la révélation de nombreuses erreurs et possiblement de malversations. Pas vraiment de quoi amener un peu de sérénité dans le débat… La diversité des cas, la difficulté à les corréler, à en avoir suffisamment de similaires, l'urgence, l'important taux de comorbidité de la maladie qui fait que la plupart des décès surviennent sur des personnes présentant des pathologies préalables et différentes, rend ce type de travaux difficiles, dans le laps de temps trop court que demande la « médecine de guerre ». Un signe montre tout de même la limite de l'hydroxychloroquine, c'est le taux de mortalité dans les pays où elle a été massivement utilisée, en Suède, Italie ou aux États-Unis. Non seulement ce dernier pays a eu un recours intense à ce médicament, mais le président Trump n'a cessé de le défendre, allant même jusqu'à le prendre lui-même en traitement préventif pour éviter la maladie. Or, ces pays comptabilisent le plus de décès par habitant, ce qui remet en cause tout de même l'efficacité « absolue » du remède.

À ce jour, toutes les études comparatives sur ce médicament, dans les pays menant des essais cliniques, ont été arrêtées et de nombreux pays qui le prescrivaient ont cessé de le recommander. Un pays cependant l'utilise encore en quantité, l'Inde, avec un taux de mortalité officiel assez faible. Ces nombreuses études erronées ont pour point commun d'avoir été réalisées trop rapidement, au cœur de la crise, avec de nombreux autres problèmes à régler pour s'occuper des patients. Entre fin juillet et début août, plusieurs publications, réalisées avec plus de temps et des travaux fondés sur les plus hauts standards, randomisées, avec ou sans placebo, issues de plusieurs pays et équipes différents, semblent démontrer l'inefficacité ou les limites de ce traitement, quelles que soient les associations avec d'autres molécules.

– L'hydroxychloroquine (HCQL) n'est pas un médicament conçu pour lutter contre les virus en général et contre la Covid-19 en particulier, mais à l'origine un antipaludéen qui a été le plus employé contre le paludisme, réformé depuis plusieurs années, aujourd'hui encore prescrite contre des maladies auto-immunes. Cela ne veut pas dire qu'il ne puisse soigner d'autres maladies, et il s'était en partie montré efficace lors d'autres pics de coronavirus, comme pour le SRAS, mais *in vitro*. Il n'en reste pas moins que c'est comme utiliser une cuillère pour couper votre viande. Cela dépanne si vous n'avez rien d'autre, cela peut avoir une certaine efficacité, mais ce n'est pas l'outil idéal et si la viande est trop dure ou comporte des os, cela devient franchement inutile. Il aurait fallu admettre ce fait : nous utilisons l'hydroxychloroquine, car nous n'avons rien d'autre pour l'heure, que c'est un médicament bon marché, impliquant relativement peu d'effets secondaires et donc que l'on peut prescrire avec peu de risques, mais il faut poursuivre la recherche méthodologique ou d'un médicament approprié afin de soigner ou de prévenir plus efficacement la maladie.

Ce n'est malheureusement pas ce qui s'est passé : avec l'HCQL, nous n'avons pas éradiqué le virus. Mais nous avons largement attisé le virus médiatique et la communication négative, tout aussi, sinon plus, dangereuse que le SARS-CoV-2.

Autour de ce débat, nous avons vu le pire de la science. Non plus celle qui s'appuie sur les faits, les études, la logique, mais sur les croyances. Et ce, dans les deux camps. Des arguments incroyables ont été avancés pour défendre l'autorisation ou l'interdiction. Un patient qui disait ne pas avoir eu d'effets secondaires suffisait pour déterminer que personne n'en avait. Un peu comme si, parce que vous n'êtes pas allergique aux arachides ou au pollen, vous considériez que personne ne l'est ! Et le même argument a été utilisé pour interdire le médicament sous prétexte d'effets secondaires mortels, fondés sur des cas réels, mais extrêmement rares. Mais ce n'était plus la raison qui parlait.

Ce mode de débat « scientifique » s'est propagé dans tous les périmètres liés à la situation, au point de phagocyter la pensée.

On dit qu'en famille ou entre amis, pour être en paix, il ne faut parler ni de religion ni de politique. Mais ces sujets étaient presque devenus consensuels en comparaison des discussions sur le virus, le confinement, les masques ou l'hydroxychloroquine. Des amis se sont écharpés, des familles divisées et des positions se sont retournées complètement. Nous avons vu les uns et les autres exacerber leurs positions, que ce soient les citoyens, des médecins ou des chercheurs, n'argumentant plus sur le fait de la recherche, mais sur la personne qui fait les recherches. La science est devenue religion : je crois l'homme, donc je crois sa parole. Je choisis ainsi mon camp. Et aucun argument ne me fera changer d'avis. Que ce soit sur les médicaments, sur la création du virus, sur sa manière de fonctionner ou de se propager.

Bien des médecins et experts se sont prêtés à ce jeu terrifiant, et les débats se sont tendus comme jamais, au point de faire perdre sa crédibilité à la science elle-même. Les médias, quant à eux, ont trouvé l'une de leurs plus belles boîtes de Pandore : donner la parole à toute personne qui allait crier un peu plus fort que les autres.

La recherche du clash plus que du scoop

Les crises ont toujours été du pain bénit pour les médias. Parler du soleil qui se lève et du blé qui pousse paisiblement semble lassant pour les auditeurs et lecteurs. Les crises offrent bien plus à dire, une forme de suspense, la capacité de générer des scoops pour attirer les auditeurs. Il est donc normal que les médias se soient rapidement mis en ordre de marche pour suivre minute après minute les événements. Mais a-t-on déjà vu une telle incurie dans la qualité et l'utilité de l'information au cours d'une crise ? Si certains ont essayé de faire leur travail correctement, la qualité, l'honnêteté et le besoin de lutter conjointement pour la même cause ont vacillé, pour ne pas dire se sont écrasés. Durant des semaines, la seule référence pour juger des événements a été le nombre de morts par pays. Impossible d'ouvrir un journal, d'écouter la radio ou la télévision sans entendre ce chiffre, sans aucune analyse comparative. Ce manque de mise en perspective que l'on attend des médias a été patent dans presque tous les domaines.

Mais on peut considérer que les difficultés de travail, le confinement, la fatigue accumulée peuvent expliquer cela.

Ce qui l'est moins en revanche, ce sont le choix de sujets et des invités. Et c'est là que les médias ont basculé dans le camp des responsables collatéraux de la situation globale. Le but n'était plus d'obtenir des informations, des notions nouvelles à partager avec le public, des scoops donc, mais de sortir du chapeau toute personne ayant déclaré quelque chose de nouveau la première, sans vérifier aucunement les sources, ni prendre le temps de confirmer les informations. Mieux, si l'invité en question remettait en cause les décisions gouvernementales ou pouvait attiser la polémique « Didier Raoult *versus* le reste du monde », il trouvait un tapis rouge à son arrivée au studio. Le travail d'investigation, de comparaison, de confrontation, est tout simplement tombé à son plus bas niveau possible, allant parfois flirter avec les théories du complot.

Si en tête de liste on trouve les chaînes d'info en continu et à sensation Cnews, BFM, LCI, C8, les autres chaînes et quotidiens, y compris nationaux et publics, ne sont pas en reste dans leurs choix. La parole de toute personne disposant d'un titre sympathique de professeur, docteur, directeur, semble être devenue d'évangile. Sans parler des commentateurs de foot devenus soudain spécialistes médicaux[1].

Il y aurait un livre entier à écrire sur ces prises de parole, mais pour ne prendre qu'un exemple, l'engouement pour Luc Montagnier en est l'exemple parfait. Lui non plus n'est pas n'importe qui. Professeur émérite, directeur de recherche au CNRS, il est prix Nobel de physiologie ou médecine en 2008 pour la découverte, en 1983, du VIH responsable de l'épidémie du sida. Quand un tel homme dit quelque chose, on l'écoute. D'autant plus qu'il apporte dans sa besace la preuve que tous les théoriciens d'un complot mondial cherchaient désespérément à démontrer, celle que le virus SARS-CoV-2 n'est pas d'origine naturelle, mais de création humaine. Il a en effet détecté, dans le génome du virus, une séquence similaire à celui du VIH, ce qui prouverait selon lui que cette séquence a été intégrée volontairement. Il annonce cette nouvelle au monde et, sans attendre, les médias s'en emparent. Luc Montagnier est partout, sur toutes les chaînes, et bien entendu sa présence explose sur les réseaux sociaux qui en font provisoirement leur nouveau héros. Oui, le virus a été créé par l'homme. Il y a une séquence du VIH dans le SARS-CoV-2. Et le

1. Voir David Icke, voir chapitre 3.

professeur propose de débarrasser le virus de ces éléments étrangers grâce à des ondes. Une nouvelle « fin de partie pour le virus » donc. Et une étude indienne le prouve également.

Il y a pourtant quelques problèmes. Par exemple, on oublie de citer que le prix Nobel reçu, Montagnier l'a partagé avec Françoise Barré-Sinoussi, codécouvreuse du virus, et à l'initiative des recherches avec Jean-Claude Chermann, qui a été évincé du prix. Et personne dans les médias ne donne la parole à Françoise Barré-Sinoussi pourtant à la tête du comité CARE[1] pour évaluer les découvertes de Montagnier au sujet de la Covid-19. Elle aussi a un prix Nobel, mais enfin elle est citée en second sur la liste, donc sans doute moins importante. Et puis, c'est une femme, non ?

Parce que quand même, voyons, Montagnier est prix Nobel. Donc il *sait* ! Enfin, depuis quelques années sujet à polémiques aussi auprès de ses pairs. On oublie de dire que 44 autres prix Nobel ont signé une lettre en 2012 pour dénoncer les solutions de Montagnier, qui s'était mis à estimer que

1. Le Comité d'analyse, de recherche et d'expertise (CARE), installé par l'Élysée le mardi 24 mars, doit éclairer les pouvoirs publics sur les suites à donner aux propositions d'approches innovantes scientifiques, technologiques et thérapeutiques formulées par la communauté scientifique française et étrangère.

les gens attrapaient le sida en raison de leur mauvaise hygiène alimentaire et qu'il suffisait de mieux manger pour ne pas l'attraper (le préservatif, c'est surfait). Ou sa proposition de guérir la maladie de Parkinson à l'aide de papaye fermentée ou de ses théories étonnantes sur la mémoire de l'eau. Il y avait tout de même matière, non à rejeter en bloc ses travaux, puisque des découvertes majeures ont été faites par des électrons libres, mais au moins à faire le travail d'enquête et de comparaison *a minima* avant de lui ouvrir les portes des plateaux. On oublie surtout de dire que la fameuse séquence est minuscule, récurrente dans de nombreux virus (dont plusieurs autres coronavirus) et qu'elle représente à peu près l'équivalent d'un « mais » dans un livre de 300 pages. En clair, cette séquence ne prouve absolument rien en tant que telle. D'ailleurs, la fameuse étude indienne a été retirée après seulement quelques jours par ses auteurs eux-mêmes et de nombreux autres professeurs, prix Nobel et directeurs émérites, s'égosillent à dénoncer les propos de Montagnier sans qu'ils ou elles ne soient écoutés. Parce qu'il est nettement plus intéressant de recevoir une personne qui provoque des clashs avec les autres, plutôt que celles qui tiennent un discours scientifique posé, étayé et apte à faire avancer la science, mais bien moins porteur pour l'audimat.

Et c'est la responsabilité que les médias doivent se fixer comme un phare dans la nuit : vérifier leurs informations *avant* de les publier. Il devient trop facile de lancer une bombe à une heure de grande écoute pour se rétracter en trois mots en début ou fin d'une autre émission ou dans une colonne de journal quelques semaines plus tard. Une charte qui doit devenir l'alpha et l'oméga des temps de crise. Sur des esprits marqués par des émotions difficiles à gérer, prêts à se jeter sur toute solution ou confirmation de leurs idées, une fois l'information diffusée, il est trop tard. Elle est cimentée dans le cerveau, inarrachable.

Il est indispensable que les organes de presse et d'information, les journalistes et directeurs des chaînes et de publication fassent leurs examens de conscience, et autorégulent une profession noble, mais qui souffre de plus en plus de dérives comme l'a montré la crise de la Covid-19, et déjà auparavant les attentats et prises d'otages de ces dernières années.

En attendant, quelques règles pourraient s'avérer utiles. Les droits de réponse et rétractations, particulièrement lorsqu'il y a condamnation judiciaire, doivent bénéficier d'un temps d'antenne ou d'espace presse exactement identique en temps, en surface et en position que la déclaration initiale. Au vu des coûts d'un temps d'antenne, cela pourrait faire réfléchir avant diffusion plutôt qu'après. Il en va de même, jusqu'à un certain point, pour les publications satiriques qui, sous couvert de plaisanterie, éludent de plus en plus les avertissements du caractère caricatural de leurs articles, laissant parfois croire qu'elles sont vraies. Leur partage, pris au premier degré, devient omniprésent sur les réseaux. Comme pour les paquets de cigarettes, une information claire et visible « Article satirique » doit être apposée de manière pérenne sur ces papiers afin de ne pas laisser de doute au lecteur.

Réseaux sociaux… asociaux ?

Montagnier a rapidement disparu des radars. Mais le principe s'est répété à l'envi dans les médias, sortant des scoops et clashs avant vérification, laissant à chaque fois planer le doute en attisant les émotions, jusqu'à forger les esprits complotistes dont le nombre n'a cessé d'augmenter au fil des semaines. Les réseaux sociaux se sont largement emparés de ces théories qui étayaient, ou rejetaient, la conviction des uns et des autres, se diffusant comme des traînées de poudre. La capacité inégalée de tout un chacun de s'exprimer crée en temps de crise un mouvement phénoménal d'informations. Cela a pu servir grandement certaines causes comme le Printemps arabe ou appuyer des mouvements importants comme #metoo. Mais c'est aussi le lit de toutes les théories et lorsque les doutes s'exacerbent, lorsque les peurs augmentent et que les positions se figent, ce n'est plus la raison ou la réflexion qui parle, mais les certitudes, en cherchant tout ce qui peut étayer ses propres idées.

Celles et ceux qui avaient un agenda politique ont pu trouver là de quoi affirmer leurs idées. Les errements médiatiques ont donné des lettres de noblesse aux médias en ligne liés aux extrêmes qui peuvent se servir de ces erreurs pour affirmer qu'ils ont raison. Des chaînes Internet jusque-là confidentielles ont trouvé un large public comme TV Libertés lancée en 2014 par Martial Bild, ancien cadre du Front national, et dirigée par Philippe Milliau, ancien dirigeant du Bloc identitaire. En invitant des scientifiques capés, comme la généticienne Alexandra Henrion-Caude, qui mélangent parfois des faits scientifiques pointus avec des simplifications malhonnêtes, voire des mensonges que personne ne vérifie au vu du pedigree des spécialistes, cette chaîne parvient à diffuser des visions d'extrême droite anti-avortement ou eugénistes en bénéficiant de plusieurs milliers de partages.

Les spécialistes des intrigues ont de leur côté affiné leurs techniques. Aux vidéos qu'il faut « absolument très vite regarder avant que le lien disparaisse », aux affiches mettant en lumière

« des faits graves », se sont ajoutés des textes au bout desquels était inscrit : « Ne partage pas le post, mais copie ce texte et colle-le sur ton mur ». Un système aussi malin que terrifiant : en le collant sur mon mur, je donne l'impression à celles et ceux qui le lisent que c'est moi qui l'ai écrit. Et j'active le plus puissant outil de la communication : la confiance. Si j'ai confiance dans la personne qui me parle, j'ai tendance à croire ce qu'elle me dit, sans ressentir le besoin de vérifier les informations données. Et nous considérons généralement nos amis comme fiables. Une méthode qui a permis de propager de nombreuses théories, des plus farfelues et sans conséquence jusqu'à des concepts très étudiés et inquiétants dans ce qu'ils représentent de la vision du monde, du droit humain et de l'atteinte aux libertés.

Le contexte de crise anxiogène est un terreau fertile pour ces théories. Des thèses grossièrement erronées, qui n'auraient que peu de chances d'être acceptées en temps normal, trouvent un public étonnamment large en prétendant répondre à une contre-vérité. L'une des plus répandues a été celle attribuée soit à un médecin japonais, soit à un « ami bien informé », ou à un chaman, et à bien d'autres encore : « Important à savoir : le virus ne résiste pas à la chaleur et il meurt s'il est exposé à des températures de 26-27 °C. Il est donc très important de consommer durant la journée toutes les boissons chaudes possibles [...]. » Il suffit de comprendre que la température du corps est à 37 °C pour discréditer l'argument, qui a pourtant été partagé des millions de fois.

Il y a eu aussi l'idée que retenir sa respiration plus de 10 secondes permet de savoir si l'on est infecté, la manière de tuer le virus à l'aide de sèche-mains, de lampes UV ou les super remèdes à base de cocaïne ou d'urine d'enfant qu'il faut boire en prophylaxie. La 5G qui est installée dans le seul but de transmettre le virus ou de contrôler nos esprits. La liste serait longue.

De manière plus structurée, complexe, et surtout plus dangereuse, avec leurs relents de racisme et d'eugénisme, nombre de théories ont émergé autour de la création du virus, son origine, de son emploi comme arme. Il a été successivement une arme biologique chinoise, puis américaine, puis sioniste. Les traitements existent, mais ont été cachés pour favoriser quelques personnes qui en bénéficient. À chaque fois, c'est le principe du « mille-feuille argumentatif » – qui empêche l'auditeur de suivre la démonstration, mais qui paraît suffisamment solide pour y croire, qui est utilisé, pour pouvoir dire, l'air entendu : « Réveillez-vous, les gens ! » avec en sous-texte, « Moi, j'ai compris, et si vous non, c'est que vous êtes un peu trop bête pour cela ! » Et vous méritez la prise de contrôle totale de vos vies par les puissants, un esclavagisme qui cache son nom[1].

À chaque épisode, le même procédé se met en place. Quelques faits agencés d'une certaine manière ou des déclarations péremptoires, et la machine est lancée. Plusieurs organismes ont créé des sites de contrôle, dont l'ONG Conspiracywatch qui met à jour régulièrement une carte des théories du complot qui se répandent. Elle est assez impressionnante. Avec un constat simple : les personnes qui perdent pied et commencent à mettre en doute les informations ont tendance à considérer l'ensemble des informations « officielles » comme erronées, sinon mensongères. Si le système, si les « merdias » – comme les médias officiels sont appelés par certains – énoncent quelque chose, c'est forcément de l'information manipulée et fausse. Est-ce un hasard si, durant les premiers mois de l'année 2020, les « platistes[2] » ont vu leur popularité augmentée (16 % aux États-Unis et entre 2 et 9 % en France selon les sondages) ? Si ce que me dit le gouvernement est faux, et qu'il me dit que la Terre est ronde… Alors il y a anguille sous roche et il est possible,

1. Plusieurs vidéos ont circulé à ce sujet, aussi bien diffusées par des mères de famille que des conspirationnistes affirmés, dont les liens changent trop souvent pour les indiquer ici.
2. Personnes qui pensent que la Terre est plate.

probable, qu'elle soit plate. Tout peut être remis en question. Une déstabilisation des esprits qu'il sera difficile de juguler et qui pourrait peser dans les prochains choix électoraux et politiques.

Le repli sur des bases… pas très glorieuses

Dans ce marasme, comme l'histoire des crises ne le montre que trop bien, au moment de devoir réagir vite, fort, on oublie généralement les femmes. À la fois de les consulter, de les intégrer pleinement aux décisions, et de reconnaître leurs travaux. Le labeur mené patiemment durant des décennies pour la reconnaissance de droits égaux et des compétences sont soudainement aux abonnés absents lorsque survient un drame. Simone de Beauvoir le disait déjà en 1949, dans *Le Deuxième Sexe* : « N'oubliez jamais qu'il suffira d'une crise politique, économique ou religieuse pour que les droits des femmes soient remis en question. Ces droits ne sont jamais acquis. » Et c'est tellement vrai, presque mathématique. Au moment d'un besoin d'autorité, de décisions fermes, « d'expertises », le monopole masculin repousse comme un champignon. L'une des raisons sans doute qui font que, en France, seules 2 % des rues portent un nom de femme. Souvent les mêmes d'ailleurs comme Marie Curie, Lucie Aubrac, Simone Veil, qui le méritent largement, mais qui démontrent l'apparente « difficulté » à trouver des femmes à qui l'on a donné suffisamment de crédit pour les porter à la postérité dans nos rues. Les crises font naître les héros. Ceux qui ont sauvé, trouvé les solutions, motivé les troupes, en nous montrant la voie. Nos rues nous racontent que nos héros sont des hommes. Ou plutôt, qu'à l'heure du besoin, on ne laisse pas les femmes le devenir, puisqu'on ne les inclut pas dans le débat. Celles qui y parviennent sont des héroïnes au carré : elles ont non seulement dû avoir le courage de dépasser ces préjugés *et* agir pour résoudre les problèmes communs. Et cette « guerre » contre le virus en a fait la démonstration éclatante dans la plupart des pays, dont la France. Alors que les femmes représentent en temps normal 43 % des spécialistes interviewées, elles sont tombées à 20 % des 3000 experts interrogés par TF1, France 2, M6, France 5, BFM, LCI, France Inter et RTL et sur l'aspect médical, 73 % des médecins sollicités étaient des hommes alors qu'ils ne représentent que 48 % des médecins hospitaliers. En tout et pour tout, 28 % des invités en plateaux radio ou TV étaient des femmes et le plus souvent interrogées comme témoins sur leur vie de mère durant le confinement. Pire, lorsque l'on observe le nombre de femmes interviewées au sujet de « l'après », de la reconstruction de notre futur, ce chiffre tombe à… presque rien. Quelques % tout au plus. Selon ces médias donc, les femmes n'ont pas grand-chose à dire sur le sujet médical, et encore moins sur le futur de la société et sa construction.

Cette représentation particulièrement genrée des circuits de décision autant que des personnes interviewées est marquée à tous les niveaux, de l'État, des médias, mais aussi des praticiens. Si les personnels médicaux sont en grande majorité féminins, infirmières, aides-soignantes, médecins hospitaliers, bien peu sont professeures ou cheffes de service en milieu hospitalier. Plafond de verre, discrimination, harcèlement sont courants, comme l'a montré une enquête de l'intersyndicale Action Praticiens Hôpital en mars 2019. Comme dans trop de métiers, la proportion de femmes chute à mesure que le grade s'élève.

Pourtant, l'étude des crises, et plus encore de la reconstruction qui s'ensuit, montre clairement que la diversité de parcours et la diversité de genre sont une clé importante d'une gestion efficace. Des travaux, au Burundi et au Rwanda après les génocides de 1994, ont montré l'important travail des femmes lors de la reconstruction, particulièrement en phase avec le terrain et les besoins concrets des populations. Peut-être la raison pour laquelle le Rwanda est devenu le premier pays au monde à dépasser 50 % de femmes au Parlement avec même 63 % en 2018 et qu'il était, dans le rapport du Forum économique mondial de 2014, au 7e rang des pays comptant le moins d'écarts de droits entre hommes et femmes !

Ce n'est sans doute pas un hasard si nombre de pays dirigés par des femmes et des équipes mieux équilibrées en genre ont su gérer avec beaucoup de qualité cette période de crise, avec parfois des méthodes peu usitées habituellement par des dirigeants. Sanna Marin, plus jeune dirigeante du monde, nommée à la tête de la Finlande en décembre 2019, à l'aube de la plus importante crise mondiale des dernières décennies, a créé des modes de communication pour toucher le plus de monde possible. 1 500 influenceurs du Web – des rappeurs et des « instagrameurs » – ont été sélectionnés pour recevoir régulièrement et en direct les messages du gouvernement qu'ils étaient libres de relayer ou non, ce que la plupart ont fait avec qualité. Mette Fredericksen, au Danemark, a décidé de parler directement aux enfants, sans filtre, lors d'une conférence de presse spécifique, sans adultes présents, pour en faire des ambassadeurs dans leurs écoles, qui ont rouvert avant tous les autres pays d'Europe. Pendant ce temps, Jacinda Ardern, en Nouvelle-Zélande, dont l'intégrité est reconnue, de même que son empathie, proposait parfois spontanément des discussions en *live*, le soir depuis chez elle. Angela Merkel s'est adressée à ses concitoyens en scientifique précise et posée, statut que son doctorat en chimie lui confère.

Faut-il donc être femme pour bien gérer une crise, là où neuf des dix pays ayant le plus de victimes par habitant sont dirigés par des hommes ? Ce serait simpliste, puisque l'exception notable est le pays le plus touché au monde, la Belgique, dirigée depuis 2019 par la Première ministre Sophie Wilmès. On pourrait aussi rétorquer que ces quelques femmes ne dirigent que des pays à la densité et quantité de population faibles, ce qui rend la gestion sanitaire plus aisée. La Finlande et ses 18 hab./km^2 pour 5 millions d'habitants, l'Islande et ses 3,4 hab./km^2 avec 362 860 habitants, la Nouvelle-Zélande et ses 18 hab./km^2 n'ont que peu à voir avec l'Inde et ses 403 hab./km^2 pour 1,3 milliard d'habitants ou même la France et ses 119 hab./km^2 pour 67 millions d'habitants. Seule l'Allemagne fait exception avec ses 236 hab./km^2 pour 80 millions d'habitants, et elle est d'ailleurs la moins bonne élève des pays dirigés par une femme.

Une corrélation n'est pas un lien de cause à effet et la féminité ne donne pas automatiquement l'avantage dans la gestion d'une pandémie mondiale. Ce sont les compétences qui font la différence. C'est dans la qualité du lien entre ces cheffes d'État et leurs concitoyens, la rigueur de leur prise de parole et de partage, les démonstrations d'humanité et l'acceptation de la diversité que réside la différence. Une diversité indispensable à tous les échelons, et une qualité d'échange, dont bien des pays devraient s'inspirer. Il est probable que, pour avoir des chefs et cheffes d'État de qualité, il faut créer les conditions d'ouverture d'esprit suffisantes pour ne plus juger du genre ou de l'origine au moment du vote, mais de la compétence. Et cela ne fait aucun doute : compétentes, ces femmes l'ont été, à un très haut niveau.

Sur quelle base décider ?

Dans un contexte de chamboulement profond, la question revient sans cesse : comment prendre les bonnes décisions ? Sur quoi les étayer, comment les partager, les faire comprendre et les mettre en application. Une quadrature pas si simple à résoudre, car la meilleure des décisions ne pourra être prise que selon un faisceau de présomptions et d'avis parfois divergents. Qui écouter ? Logiquement, nos oreilles se tournent vers les spécialistes. Nous l'avons beaucoup entendu « selon l'avis des médecins et scientifiques ». Mais que faire lorsque leurs avis divergent tellement que toutes les options paraissent possibles. D'un côté, Neil Ferguson de l'Imperial College, qui a créé l'*Imperial College Covid-19 Response Team* à

Londres, publie le 16 mars des projections déterminant la potentialité de 500 000 morts au Royaume-Uni, autant en France et plus d'un million aux États-Unis ou de 20 000 à 30 000 avec un confinement. Ce sont les chiffres présentés en avant-première le 12 mars à l'Élysée. Le même jour, le très écouté Américain Richard Epstein, de la Hoover Institution, estime au contraire qu'il s'agit d'une maladie qui ne dépassera pas le million de contaminés et sera très peu mortelle prévoyant moins de 500 décès aux États-Unis, révisé ensuite à 5 000. Des chiffres très discutés dans la presse, mais globalement confirmés par les prévisions de plusieurs épidémiologistes qui estiment que le nombre de cas ne dépassera pas 20 000 (il est au 10 août de 163 465 décès aux États-Unis). Le professeur John Ioannidis, épidémiologiste à Stanford et très réputé pour ses travaux sur la qualité des recherches scientifiques, publie le 17 mars que ce qui est considéré comme la pandémie du siècle sera sans doute le fiasco du siècle. Selon lui, en termes de contagiosité, de dangerosité et de létalité, la Covid-19 a les mêmes risques et ordres de grandeur que la grippe, ce qui en fait une maladie mineure. Cela se répand plus rapidement qu'une nuée de criquets sur une plaine. Aussitôt, plusieurs autres sommités dont Gregg Gonsalves, professeur adjoint à l'université de Yale ou Marc Lipsitch à Harvard, estiment au contraire qu'il n'y a rien de comparable et que la Covid-19 est bien plus dangereuse, pouvant infecter plus de 70 % de la population mondiale. Autant de travaux qui interviennent alors que le monde, déjà très touché, n'en est pourtant qu'au tout début de l'épidémie qui va exploser dans les semaines suivantes. Voilà. Vous êtes président et vous devez prendre une décision, lequel de ces experts écoutez-vous ? Car tous se sont trompés et aucune prévision sur l'évolution de la maladie ne s'est pas vraiment passée comme annoncée. La France a choisi d'écouter Ferguson en fermant les écoles dès le 12, puis de confiner la population dès le 16. Les États-Unis ont suivi Epstein…

Qu'il y ait des avis divergents, c'est normal. C'est le propre des crises. En temps de guerre, ils sont même antagonistes. Mais, en général, lorsque l'on est tous dans le même camp, avec le même but, il est bon de parvenir à des compromis fonctionnels à la suite de discussions entre scientifiques. Disons que cela n'a pas vraiment été le cas. Les ego ont largement pris le pas sur les besoins, avec des débats par presse interposée d'une grande virulence. La bataille contre le virus d'abord, puis pour éviter une crise systémique ensuite, a largement été perdue sur le front de cette communication. D'ailleurs, à la question « Qui est le plus responsable de la crise actuelle ? », les répondants de COVADAPT ne s'y trompent pas : les réseaux sociaux sortent en tête à 82 %, les médias traditionnels à 77 %, le gouvernement à 70 % et les experts en tous genres à 66 %. Le virus, lui, n'obtient que 49 % !

Rien ne doit être plus chéri que la liberté de parole et le droit de s'exprimer. Mais comme toute liberté, ils s'accompagnent d'un devoir de responsabilité dans l'honnêteté des déclarations. Nos experts sont écoutés. Nos politiques aussi. Mais à ce jour, il n'existe aucune sanction pour les « retournements de veste ». On peut déclarer publiquement quelque chose, dire exactement le contraire un mois plus tard en affirmant que l'on n'a jamais dit autre chose, cela ne pose de problème à personne. Les exemples sont si nombreux que tout le monde en a constaté. Lorsque l'on connaît l'impact de ces communications sur le cerveau, c'est tout simplement dramatique.

Il est nécessaire que chacun soit redevable de ses paroles et de ses promesses. Une exemplarité qui permettrait déjà largement de réduire les artefacts de communication. Se tromper n'est pas le problème, comment pourrait-il en être autrement face à des événements inconnus ? Mais refuser de l'accepter et de le déclarer dans ces périodes devient criminel.

Si j'affirme quelque chose, et que je dis le contraire ensuite, je dois au passage admettre que je me suis trompé et le dire, pour que mes auditeurs comprennent mon cheminement intellectuel.

C'est en grande partie sur ces points de gestion de la communication qu'une différence fondamentale s'est jouée entre les pays qui ont bien réussi et ceux qui ont éprouvé des difficultés à faire face à la situation. Car ce que permet une information de qualité, ce sont la capacité et la manière de réagir à l'imprévisible. Et je ne peux le faire qu'en instaurant un principe de confiance au travers d'informations honnêtes sur lesquelles fonder ces décisions et l'intégrité des personnes qui les transmettent. Au-delà de l'aspect sanitaire, sur la carte mondiale de la gestion de crise, on peut tout de même observer une nette différence entre les pays qui ont su instaurer cette franchise et les autres.

3. Un écosystème environnemental exsangue

Mais d'où peut bien venir ce fichu virus ? La question est récurrente et alimente nombre de débats. Aurait-il été créé de toutes pièces par l'humain, dans le but de nuire ; est-il d'origine naturelle et si oui, vient-il bien de la consommation d'un animal, ou était-il étudié de longue date dans un laboratoire d'où il a été relâché dans la nature par erreur ? Existe-t-il seulement, puisque plusieurs intervenants ont cherché à démontrer sa pure invention dans le but de contrôler les populations, en déterminant que la crise épidémique était un mensonge. De la Russie aux États-Unis, de la France à l'Allemagne, des personnes visitaient des hôpitaux sous le sigle #FilmYourHospital pour montrer qu'il n'y avait pas d'épidémie en cours en filmant des salles d'attente vides. À la différence que toutes ces images ne montraient que les accueils « classiques » des hôpitaux, justement délaissés puisque les populations avaient été invitées à se confiner chez elles et ne pas venir à l'hôpital, sauf urgence absolue… Et donc pas dans les salles d'attente.

La plus célèbre prise de position à ce sujet est celle de l'ancien footballeur professionnel et journaliste sportif à la BBC, David Icke, expliquant dans ses vidéos fleuves que le virus était inventé de toutes pièces (vidéo aujourd'hui bloquée sur YouTube) ou celle de Mi Naïma, une Marocaine qui incitait ses compatriotes à ne pas respecter les règles de protection puisque le virus n'existait pas. Il s'agit cependant de théories marginales, là où l'accusation d'un virus existant, mais créé par l'humain, est très suivie.

La raison principale est que le virus est apparu à Wuhan, ville possédant l'un des trente laboratoires P4 au monde, ceux autorisés à manipuler les plus dangereux des agents pathogènes pour tenter de découvrir des traitements et des vaccins. Les individus conspirationnistes imaginent plutôt une création virale dans le but de contrôler les populations par la peur, ce qui permettrait de les asservir à un grand ordre mondial et de gagner beaucoup d'argent en vendant un médicament, puis des vaccins à la terre entière. « Big Pharma » à l'œuvre pour augmenter ses marges, aidé par les gouvernements qui ont joué de la terreur et du confinement pour mieux imposer cette fraude financière. Un vaccin qui contiendrait une puce capable de nous tracer partout et de nous contrôler, piloté grâce à la 5G. Cela suppose deux choses : d'une part, une collaboration de centaines de pays jouant de la même corde, y compris des pays antagonistes, puisque 188 d'entre eux ont eu des réactions similaires, autant que des millions de médecins et chercheurs autour du monde. Même si certains d'entre eux sont en effet payés par les laboratoires, ce n'est pas le cas de tous, loin de là. Il faudrait également que tous les développeurs de vaccins soient dans la confidence puisque 167 sont actuellement en développement et que l'on ne sait pas lequel s'avérera efficace et sortira le premier sur le marché. Des fabricants par ailleurs d'une stupidité sans nom puisqu'ils auraient lâché le virus dans la nature avant de posséder le vaccin, sans certitude de parvenir à en créer un. Mettre à plat l'économie mondiale pour un coût estimé à au moins 12 000 milliards de dollars pour en gagner, selon les meilleures estimations, une quinzaine, c'est tout de même avoir bien mal calculé son coup ! Que les grands laboratoires ne soient pas des altruistes, c'est une évidence, que certains soient de vrais « salopards » ne fait aucun doute non plus, et que des connivences existent entre certains chercheurs ou États et eux est un secret de polichinelle, qu'il faudra un jour pénaliser. Le Remdesivir, censé être un antiviral efficace contre la Covid-19 malgré plusieurs effets secondaires et études contradictoires lors des essais, lancé par le laboratoire américain Gilead Sciences, en mai 2020, et annoncé en Europe en septembre sous le nom de Veklury® au prix de plus de 520 dollars la pilule, soit *a minima* 3120 dollars (environ 2627 euros) le traitement complet, est une honte absolue, qui pourrait à lui seul donner du crédit à toutes les thèses anti-laboratoires. D'autant que selon le *Wall Street Journal*, le prix de revient est de 10 dollars la dose. Malgré cela, l'Europe en a approuvé l'utilisation et commandé 30000 traitements. Cependant, même avec ce type de tarif qui fait ressembler un banquier d'affaire à un altruiste sympathique, le principe d'un complot créant un virus pour vendre de la médecine ne tient pas à cette échelle. Il s'agit en l'occurrence de l'opportunisme malsain d'un laboratoire spécialiste des maladies auto-immunes, avec onze médicaments contre le sida à son catalogue, réputé pour son lobbying très agressif qui a distribué 63399522 euros aux médecins français entre 2012 et 2019. Cela dit, ce montant est dix fois inférieur aux sommes versées par le français Sanofi – l'un des fabricants de l'hydroxychloroquine – avec 874316378 euros sur la même période. Ces sommes suscitent de nombreuses questions sur « l'achat » des médecins par les laboratoires, au point que le professeur Christian

Perronne les accuse d'être « tous vendus », soutenant que toute personne ne désirant pas utiliser l'HCQL est forcément achetée par les laboratoires. Si certains liens d'intérêt sont clairement trop importants, ils sont loin de concerner tous les médecins. Et qu'au moment de développer des médicaments, de les tester, de les évaluer sur le terrain et de faire comprendre les problèmes médicaux aux chercheurs, il n'est pas aberrant que des médecins interviennent.

Origine naturelle ou humaine ?

Il est vrai que nous savons aujourd'hui manipuler les gènes, et des technologies comme CRISP-cas9 permettent d'agir comme des « ciseaux » pour découper ou recréer de la matière génétique, ADN ou ARN. Concevoir un virus n'est donc pas impossible. Cependant, si quelques arguments plaident pour cette possibilité, des centaines existent en faveur d'une origine naturelle. De nombreux chercheurs ont étudié les origines du virus et aucun d'eux – hormis les déclarations réfutées de Luc Montagnier – ne trouve de preuve d'une origine non naturelle du virus. Dès le 17 mars 2020, plusieurs chercheurs de cinq universités différentes – Columbia, Scripps, Édimbourg, Sydney et La Nouvelle-Orléans – ont publié une étude dans la revue *Nature Medicine*, dont les conclusions montrent que le SARS-CoV-2 n'est pas une construction de laboratoire ou un virus délibérément manipulé. Ils admettent, comme cela est indispensable en science, qu'il n'est pas possible d'écarter totalement une création, mais qu'ayant observé toutes les caractéristiques du SARS-CoV-2, ils ne pensent pas que le scénario en laboratoire soit plausible. Parmi ces évidences, la similitude avec les six autres coronavirus capables d'infecter les humains, qui sont très proches. De même que la relation évidente avec deux coronavirus animaliers, le Bat SARSr-CoV RaTG13, décrit chez une espèce de chauve-souris, et le Pangolin-CoV, identifié chez une espèce de pangolin. L'ensemble de faisceaux converge vers une origine naturelle, issue de l'évolution bien connue de virus présents chez des espèces animales pour parvenir, au fil de mutations, à une transmissibilité humaine. Une « classique » zoonose. Et après tout, quoi de surprenant ? La nature n'a pas vraiment attendu les humains pour savoir créer des virus et les faire muter d'espèce en espèce. C'est un processus tellement classique – et pourtant si difficile à reproduire – qu'il est bien plus probable de le considérer comme logique plutôt que comme le résultat d'une manipulation génétique. Selon un article publié dans *Nature Microbiology* en 2011, il y a plus d'un quintillion[1] de virus sur la Terre, et le virologue Curtis Suttle, de l'université de Colombie-Britannique (Canada), estime que 800 millions d'entre eux se déposent sur chaque mètre carré de terre chaque jour de l'année. La nature a su faire cela depuis des millions d'années sans avoir besoin de nous. Et elle va probablement continuer de le faire encore longtemps après la disparition des humains.

Penser que le virus a été créé par l'humain, c'est quelque part se considérer une fois encore comme supérieur à la nature.

Réaccepter le rôle de la nature

Cette persuasion de l'intervention humaine sur ce virus m'interpelle fortement pour deux aspects. D'une part, c'est oublier un peu vite que nous, humains, sommes bel et bien des animaux, et biologiquement du moins, des animaux comme les autres. Si le terme « zoonose » a été inventé pour déterminer une contamination d'un *autre* animal sur l'animal humain que nous sommes, il ne reflète pas une réalité simple. Il existe d'innombrables contacts entre espèces et de multiples

1. Un quintillion, c'est 1 suivi de 31 zéros !

évolutions de microbes, qui s'échangent entre animaux, causant parfois des maladies là où d'autres ne sont que des porteurs intermédiaires. Et en tant qu'espèce animale, nous faisons partie de cet immense processus naturel. Nous avons tendance à l'oublier. Bien entendu, nous avons su créer de nombreuses protections. Les gestes barrières, des médicaments, mais surtout l'hygiène, qui est pourtant arrivée bien tard dans notre histoire. Ce n'est qu'en 1847 que le médecin accoucheur hongrois Ignace Semmelweis a l'intuition que des infections nosocomiales pourraient être évitées en se lavant les mains avant les opérations. Mais il n'est pas écouté, et même pris pour un fou, attaqué de toutes parts par la profession, hostile à cette idée. Ce n'est que dans les années 1900, et après la découverte des germes par Louis Pasteur, que ce principe hygiénique devient petit à petit systématique. Pourtant, ce geste n'est toujours pas complètement arrivé jusqu'à certaines populations. Une carte rigolote circulait d'ailleurs durant le confinement qui montrait que dans les pays où l'habitude de se laver les mains était plus basse, la prolifération du virus était plus élevée. Je ne suis pas certain de la source de cette carte, mais elle mettait surtout l'accent sur ces règles d'hygiène simples que nous avons su inventer pour réduire nos risques en tant que personne et en tant qu'espèce.

La seconde chose que le principe d'une création humaine écarte est plus édifiante : le problème majeur de notre impact sur l'environnement, qui est l'une des causes directes de la situation actuelle. Il n'est pas possible, plus possible de dissocier santé humaine et santé de la nature. Fondamentalement, comme toute espèce, nous dépendons de la nature. Les exemples sont pléthoriques pour le démontrer, ne serait-ce que parce que nous respirons son air, buvons son eau, mangeons ce qu'elle nous permet de cultiver. Quelques « détails » qui nous paraissent parfaitement normaux, et sont pourtant fondamentalement extraordinaires.

Malheureusement, aujourd'hui, la nature dépend aussi de nous. Pas parce qu'elle a besoin de nous pour fonctionner, elle sait le faire seule depuis des milliards d'années, mais pour lui laisser sa place et cesser de la détruire. Et finalement, ne pas nous détruire nous-mêmes. Car parmi les causes prouvées de la survenance du SARS-CoV-1, et très certainement du SARS-CoV-2, nous pouvons sans hésiter pointer la réduction des espaces naturels et notre consommation débridée d'animaux sauvages.

La réduction des espaces naturels

Nos actions humaines et l'accroissement de nos besoins d'espace, de nourriture et autres consommations, réduisent chaque année les espaces naturels sauvages, en particulier les forêts. Si la surface brute de forêts dans le monde a recommencé à augmenter depuis quelques années, sa qualité ne cesse de baisser, puisque nous replantons généralement – en lieu et place des forêts que nous exploitons – des espèces uniques n'offrant pas la même biodiversité. C'est un peu comme si vous passiez du jour au lendemain d'une maison luxueuse entourée d'un parc à une HLM grisâtre. Vous existez toujours, vous avez toujours un toit, mais vous comprenez quand même bien que ce n'est pas pareil et que vos possibilités se sont restreintes.

Cette diminution de la diversité végétale et la raréfaction des espaces naturels réduisent drastiquement les surfaces habitables pour les différentes espèces animales ainsi que leurs zones de chasse. Le résultat est simple : plus l'espace se réduit, plus des animaux qui n'auraient jamais dû se rencontrer doivent cohabiter. Les échanges ne cessent d'augmenter, et en conséquence les transmissions de virus, bactéries, champignons et autres, auront tout le loisir de muter ou tout simplement de gagner un ticket gratuit pour un transport dans une nouvelle zone de chalandise à la rencontre d'autres animaux. Et ainsi de suite. Plus l'espace naturel se réduit, plus les risques de zoonose augmentent, de même que les infections d'autres espèces animales. Nous voyons apparaître à intervalles de plus en plus réguliers des maladies animales mortelles, provoquant des pertes terribles chez des espèces domestiques comme sauvages. La cohabitation forcée entre espèces est une menace pour l'ensemble du vivant.

Nous avons aussi une fâcheuse tendance à mélanger des espèces – parfois menacées et rares – que nous déplaçons de continent en continent, soit pour des raisons de consommation, soit pour leurs « vertus » diverses. Les images des marchés aux animaux sauvages de certaines provinces de Chine ont fait le tour du monde, particulièrement celles où l'on voyait des personnes manger ces animaux, parfois encore vivants. Des pratiques d'un autre âge. Après le SRAS de 2002-2003, elle avait promis de les faire cesser. Sans le faire. Elle vient de le promettre à nouveau. Avec peu d'espoir cependant qu'elle y parvienne. Aucun moyen n'est prévu pour mettre fin au gigantesque trafic d'espèces protégées ou d'exploitation d'espèces sauvages. Au contraire, la Chine a réautorisé l'exploitation de la bile d'ours, prétendument un remède à la Covid-19. Des milliers d'ours dans des cages parfaitement ajustées à leur taille – qui les empêchent ainsi de faire le moindre mouvement – ne vivent que pour fournir leur bile au travers d'un cathéter installé en permanence. La majeure partie du trafic d'ivoire, pour lequel plus de 20000 éléphants et des milliers de rhinocéros sont tués chaque année, passe également par là, pour satisfaire à des pharmacopées traditionnelles aux effets non démontrés. Ce ne sont que des exemples parmi d'autres, et il serait mensonger de considérer que la Chine est seule responsable. Mais elle en est l'acteur principal, et sa puissance économique autant que la dépendance des autres États devant sa capacité de production empêchent toutes les pressions sur ce pays. Il agit politiquement, écologiquement et économiquement, sans tenir aucun compte des demandes et règles internationales. Si le moindre doute devait encore subsister, sa reprise de force de Hong Kong en pleine crise de la Covid-19, contre l'avis de l'ensemble des acteurs internationaux, mais sans que personne n'ose élever la moindre objection officielle est un signal clair : « Nous agissons comme bon nous semble, et personne ne nous en empêchera. »

Un très mauvais signal en matière d'environnement d'autant que la première économie mondiale actuelle, les États-Unis, n'est pas en reste pour bafouer les règles internationales et refuser allégrement tout compromis climatique et écologique, en refusant de ratifier les traités sur ce sujet ou en se retirant des rares accords qu'elle avait accepté de signer, comme celui de Paris de 2015 (COP 21).

Le constat est sans appel pour considérer nos actes écologiques comme premiers responsables de la survenance de la pandémie. Une question se pose dès lors : là où la réduction des espaces vitaux, le changement climatique, la pollution générale, la prolifération des plastiques, n'ont pas réussi à infléchir d'un iota les politiques des pays, les virus y parviendront-ils ? Car s'il ne fait pas de doute que le SARS-CoV-2 est une résultante directe de notre traitement de la nature, bien d'autres maladies pourraient survenir de la même manière et d'autres, oubliées, réapparaître. Par le processus lent, mais certain, de l'évolution. Mais nos impacts environnementaux font aujourd'hui courir un risque bien plus immédiat : le réchauffement est en train de se répercuter de plus en plus sur les zones polaires Nord, et en particulier la Sibérie et ses quantités phénoménales de permafrost (ou pergélisol). Le village de Verkhoïansk au nord du cercle polaire arctique et au pied des monts du même nom – le plus froid de la planète avec des pointes hivernales dépassant les – 60°C – a vu ses températures monter durant le printemps 2020 au-delà de +38 °C. Un triste et dangereux record. Le permafrost se réchauffe et commence à fondre, libérant progressivement le CO_2 qu'il renferme : plus de 1700 milliards de tonnes de gaz à effet de serre (GES), soit environ le double du dioxyde de carbone (CO_2) déjà présent dans l'atmosphère. À titre de comparaison, en 2016, la Chine a produit 10717 millions de tonnes CO_2, la même quantité qu'ont produit les États-Unis plus la zone Europe/ex-URSS. Le permafrost renferme à lui seul 130 ans d'émissions du monde entier !

Mais il ne séquestre pas que cela. Des chercheurs y ont découvert ces dernières années plusieurs virus géants, dont l'un vieux de 30000 ans mis au jour en 2015 par une équipe française du CNRS, baptisé *Mollivirus sibericum*, parce qu'il est « tout mou » et mesure 0,6 micron pour plus de 500 gènes. Certains de ces virus pourraient se « réveiller » un jour si les hommes remuent trop en profondeur les sous-sols à cause de l'industrie minière en constante augmentation et du réchauffement climatique. « Quelques particules virales encore infectieuses peuvent être suffisantes, en présence de l'hôte sensible, à la résurgence de virus potentiellement pathogènes dans les régions arctiques de plus en plus convoitées pour leurs ressources minières et pétrolières et dont l'accessibilité et l'exploitation industrielle sont facilitées par le changement climatique », expliquait en 2015 le CNRS dans un communiqué. Des virus comme celui de la variole, que l'on considère comme définitivement éradiqué, pourraient se réveiller, selon le professeur Jean-Michel Claverie, directeur de l'Institut de microbiologie de la Méditerranée (CNRS) à l'origine de la découverte du virus géant dans le permafrost. Et ce n'est pas de la science-fiction : durant l'été 2016, un enfant est mort en Sibérie de la maladie du charbon, l'anthrax, pourtant disparue depuis 75 ans dans cette région, et des cas de peste bubonique, transmise par la marmotte à l'humain, ont été déclarés au printemps 2020 dans la province chinoise de Mongolie intérieure.

Or, nous l'avons vu ces derniers mois, ce type de virus ne fait pas de différence. Il touche les personnes pauvres comme les personnes riches, les présidents comme les livreurs, ne connaît aucune frontière, et son impact global est gigantesque. Nous ne pourrons supporter, ni au plan sanitaire ni économiquement, la répétition fréquente de tels événements. D'autant que le SARS-CoV-2 est finalement assez peu virulent. D'autres virus pourraient l'être bien plus, sans parler du réchauffement climatique et des catastrophes qui vont en résulter. Une prise de conscience doit maintenant émerger. Nous déciderons peut-être enfin de sauver notre environnement pour de mauvaises raisons, simplement pour essayer de nous protéger de ce type de danger. Mais si cela suscite la volonté de le faire, alors ne les boudons pas.

En prenons-nous le chemin ? La chute économique sans précédent pousse de nombreux pays vers la simplicité du modèle : il va falloir produire, beaucoup, intensément, pour rattraper les points de PIB perdus. Pour cela, il faut mettre aux oubliettes, au moins provisoirement, les règles écologiques qui imposent le respect de valeurs nécessaires pour réduire nos impacts, à commencer par la maîtrise de la température mondiale. Les pays de l'est de l'Europe poussent pour un abandon du Green Deal qui doit permettre à l'Europe de réduire ses émissions, et certains ne s'encombreront sans doute pas d'un refus pour le faire malgré tout. Les États-Unis se sont déjà retirés de l'accord de Paris – pour les mêmes raisons économiques – et le Président actuel a bien l'intention de faire avorter bien d'autres mesures en faveur du climat. L'Inde a libéralisé le secteur minier et mis aux enchères 41 mines de charbon dans le but de créer 300000 emplois, pendant que la Chine autorise la construction de nouvelles centrales électriques au charbon pour produire 148 gigawatts, soit autant que la capacité de production de toute l'Union européenne. Les exemples se multiplient malgré l'urgence actuelle. Heureusement, à l'opposé des pays qui désirent faire un pas de côté des accords sur le climat, beaucoup d'initiatives vont dans le sens d'une autre volonté citoyenne.

Bien plus que les discours et les images terrifiantes des impacts écologiques, ce virus nous a fait prendre conscience de notre fragilité et de notre incapacité à maîtriser de tels phénomènes. Si les impacts écologiques les rendaient trop fréquents, et ce n'est qu'une question de temps, nous ne saurions pas y faire face. Ce que l'on ne voit pas, ne ressent pas, est difficile à comprendre pour nous puisque cela n'active pas nos émotions et sensorialités. En Europe, et globalement en Occident, nous sommes encore peu touchés par les grandes évolutions écologiques qui nous paraissent lointaines. Pour la première fois, nous venons de voir que l'invisible peut avoir un impact très important. Un outil solide pour étayer les arguments en faveur d'une évolution majeure.

Le SARS-CoV-2, mortel sans être d'une virulence extrême, est en réalité une alerte claire de la nature : il est temps !

4. Des cerveaux sous hautes pressions

Les crises nous confrontent à un nombre considérable de questions et de doutes, qui remettent en perspective nos aptitudes habituelles à agir et réagir. Nos cerveaux ont particulièrement été placés sous haute pression, provoquant des fatigues à long terme dont on ne réalise pas toujours l'ampleur sur le moment. Lors d'un événement très rapide, presque instantané, nous fonctionnons surtout par réaction, selon certains critères et compétences en rapport à la situation, et à notre éducation, notre état du moment et notre inventivité. Face à un danger, nous avons globalement trois sortes de réactions génériques que les Anglais appellent les trois « F » : *Fight, Flight or Freeze*, « se battre, s'enfuir ou se figer ». Si une voiture vous fonce dessus alors que vous traversez la route, vous allez peut-être la regarder, stupéfait, sans parvenir à bouger, peut-être essayer de vous jeter sur le côté ou, plus rare quand même, vous estimerez que vous jeter sur la voiture vous donnera un avantage sur la situation. Cette réaction sera en partie instantanée, peu réfléchie et basée sur des fonctions profondes de votre cerveau, avec parfois l'impression d'une forme de « ralenti », où tout paraît se passer plus lentement que dans la réalité. C'est souvent ensuite que l'anxiété prend le dessus, *via* une peur rétrospective. Si elle est écoutée et analysée, elle permettra de remettre l'événement en perspective et d'en apprendre de nouvelles aptitudes. Si la situation se reproduit, ce travail introspectif vous permettra de mieux la gérer. Même dans des circonstances différentes, votre cerveau pourra associer ce nouveau savoir à d'autres plus anciens pour mettre en œuvre des capacités encore inédites pour vous. Au contraire, si vous décidez de rejeter ces informations, de ne pas écouter cette angoisse, elle pourrait, plus tard, vous bloquer totalement en cas d'événement similaire.

Nous faisons ce travail d'écoute situationnelle, d'analyse et d'apprentissage en permanence, tout au long de notre vie, que ce soit face à des situations anodines ou très complexes.

Mais lors d'un événement comme celui provoqué par la Covid-19, ces fonctions classiques ne parviennent plus totalement à remplir leur rôle. Elles se trouvent ultra-sollicitées puisque la problématique s'installe à long terme, à la fois dans une succession d'événements qu'il faut traiter un par un, autant que dans un ensemble que nous n'arrivons plus totalement à appréhender. Un cercle vicieux s'installe. Ces événements et émotions liées nous fatiguent, la fatigue réduit notre vigilance, notre attention et notre capacité à traiter correctement les informations, ce qui nous épuise encore plus. Et comme les événements ne sont pas paroxysmiques ou intenses, nous ne les réalisons pas totalement. Rien ne symbolise concrètement la menace – pas de bombes, de soldats dans les rues, ou de hurlements –, sinon de nombreuses annonces qui s'accumulent, sans nous rendre compte que le surmenage mental augmente progressivement jusqu'à devenir important, voire critique. Mais nos comportements le racontent en général pour nous.

Plusieurs sondages et commentateurs ont considéré que le confinement avait été bien vécu. Cela a d'ailleurs été une sorte d'injonction : « Profitez-en, prenez ce temps pour vous, faites ce que vous n'avez pas le temps de faire habituellement, votre pain, votre yoga… » D'autant que, pour la grande majorité des citoyens en Europe, les modalités de confinement n'étaient pas en soi dangereuses. Nous avions un toit, de l'eau, de l'électricité et de la nourriture, et pour beaucoup, accès aux informations et aux loisirs. Un certain nombre de personnes l'ont d'ailleurs vécu apparemment avec bonheur. D'autres beaucoup moins, parfois dans des conditions de vie plus compliquées, seuls ou au milieu de relations conflictuelles, sans parler des personnes, surtout des femmes, vivant avec un conjoint violent ou encore n'ayant plus de moyens immédiats de subsistance. Pour autant, si l'on comprend l'impact possible sur le second groupe, il n'est pas aussi anodin que l'on veut bien le dire pour le premier. Car la crise actuelle est loin d'être celle du confinement, plus ou moins important dans le monde, qui n'est que l'une des résultantes de la problématique. Crise sanitaire avec peur pour soi et pour ses proches, confinement, changement de modalité de travail, inquiétude pour l'avenir, la planète, et bien d'autres effets collatéraux qui ont construit une crise en mille-feuille dans laquelle nous sommes encore plongés. Et qui se poursuit avec force aujourd'hui.

Une charge mentale hors norme

Nous nous trouvons face à une mer agitée par grande marée, en même temps que nous subissons une tempête, provoquant des remous antagonistes, dont le rythme et l'ampleur sont incompréhensibles. Une symphonie dont le *tempo* ne cesse de se modifier, avec une certaine folie dans l'interprétation.

On peut distinguer cinq temps.

– **Les prémices** : de janvier jusqu'à l'annonce des mesures de confinement. Les informations arrivent petit à petit. Globalement, nous ne voulons pas vraiment croire que cela allait nous impacter. Un phénomène observé au début de chaque pandémie, comme l'explique Jean Delumeau dans son ouvrage *La Peur en Occident*. Une musique lancinante, quelque peu anxiogène, marquée de mesures soudaines et surprenantes, mais sans heurts. Un déni récurrent qui nous fait souvent penser que « cela n'arrive qu'aux autres. »

– **Le confinement** : on entame une course de 100 mètres. On s'y attendait un peu, mais l'on n'y croyait pas vraiment. Il y a un mélange de panique – on vide les rayons des magasins –, de stupéfaction, parfois d'euphorie face à la nouveauté. En quelques jours, tout doit se réorganiser. Des manières de travailler que l'on pensait impossibles auparavant se mettent en place. Il faut apprendre le télétravail à marche forcée, la tenue de réunions avec ses collègues en gérant ses enfants, sa vie de famille ou sa solitude. Ou au contraire, aller travailler parfois la peur au ventre, à l'hôpital, dans les magasins, les services indispensables, avec des mesures sécuritaires qui changent régulièrement. Il y a ceux pour qui cela va trop vite et ceux qui attendent qu'il se passe quelque chose, alors que rien n'arrive. Peut-être le pire. Plusieurs annulations historiques viennent renforcer la stupeur et la conviction d'une situation tout à fait exceptionnelle. Le 17 mars, c'est le report d'une année de l'Euro de football 2020. Après avoir allumé la flamme olympique le 12 mars et annoncé qu'il est hors de question d'annuler les Jeux olympiques de Tokyo en juillet, le Comité olympique jette à son tour l'éponge. Le 24 mars, le report d'une année est annoncé. Ce n'est arrivé que deux fois, en 1916 et 1940, lors des deux guerres mondiales. Certes, il ne s'agit « que » de sport, mais ces annulations d'événements qui rythment les années sont des symboles forts auxquels succèdent d'autres abandons ou reports : Roland Garros, Tour de France, tous les grands festivals de musique, et bien d'autres. Si un doute devait subsister sur la déflagration générale que représente cette pandémie, il venait de disparaître totalement.

– **Les prolongations** : à plusieurs reprises, le confinement est prolongé. Le temps long s'installe. On continue de courir, mais le 100 mètres devient un marathon, sans qu'on ait eu le temps de souffler entre les deux. Le besoin de réaction initiale s'est envolé. La situation se banalise jusqu'à devenir ennuyeuse et anxiogène. Les problèmes que l'on a su cacher au début se font plus pressants. Solitude ou prises de bec, pression sociale ou perte de sens, nous réalisons petit à petit l'anomie de la situation, cette forme de désorganisation sociale provoquée par l'absence de normes communes. Le télétravail a des avantages, mais les écrans épuisent. Le sommeil se dégrade chez de nombreuses personnes, l'anxiété augmente et nous perdons parfois le goût pour des activités que nous aimons pourtant beaucoup. Près de 20 % des gens ont cessé de lire, d'écouter de la musique, de faire du sport, ou toute autre activité qu'ils pratiquaient avec régularité avant le confinement. Des informations contradictoires ou omniprésentes tournent dans nos têtes. Plusieurs maires et préfets surenchérissent en imposant des mesures supplémentaires : interdiction de courir ou d'acheter une seule baguette de pain, et autres décisions, rendant peu lisible la cohésion nationale.

– **Le déconfinement ou les espoirs déçus** : moment charnière, le début du déconfinement a été une sorte de rupture de digue. Un moment attendu qui ne tient pas vraiment ses promesses. On voyait en lui la fin de la crise, on constate que ce n'est pas le cas. Le marathon se transforme en un ultra-trail dont personne ne connaît la distance restant à parcourir jusqu'à la ligne d'arrivée. La « vie d'avant » n'est pas restaurée, la crise s'est déplacée, de sanitaire à sociologique et économique, avec les annonces de faillites ou de licenciements en chaîne, empêchant de se reposer des fatigues accumulées durant le confinement. Un nombre non négligeable de personnes n'a tout simplement pas envie de sortir (20 %), ou le strict minimum (40 %). C'est au-delà de « l'effet cabane » qui nous pousse à rester repliés sur nous-mêmes comme un confinement mental. Ces personnes n'ont plus la force mentale de réajuster leur mode de fonctionnement après déjà trop d'évolutions. La fatigue cognitive est trop présente pour puiser dans notre cerveau l'énergie folle que demande de changer à nouveau, lui qui est déjà tellement sollicité par toutes les informations qui s'accumulent chaque jour.

– **L'impossible conclusion** : le temps long de la crise commence. Personne ne sait combien de temps il durera. Une forme de spirale, avec le retour aux prémices : une fois encore, on ne sait pas ce qui va se passer, ce qui est juste ou faux, ce qu'il convient de croire. Seconde vague ou pas seconde vague. Masque ou pas masque. Vaccin ou pas vaccin. Chacun a son avis, ses certitudes plutôt, car c'est la seule chose constante. Les persuasions sont fortes.

Les masques, jusqu'ici remis en question, deviennent obligatoires dans la plupart des pays, jusque dans la rue. Les conseils scientifiques de quelques pays annoncent un possible reconfinement si l'épidémie repart. Les frontières s'ouvrent et se referment, parfois d'une heure à l'autre. Les « experts », ceux des comptoirs de bistrot comme des universités, y vont à nouveau de leurs prévisions, de « L'épidémie est terminée » à « La seconde vague sera terrible. » Le doute, les peurs, sur lesquelles certains ne se gênent pas d'envenimer et que l'on « soigne » par ses propres certitudes sans nuance, prennent le contrôle des populations.

Des impacts mentaux à long terme

Ces différentes étapes, et autant d'états émotionnels, ont particulièrement sollicité nos fonctions cognitives, avec des demandes nouvelles, régulières et parfois contradictoires. Assez naturellement dans ces cas-là, tant pour éviter une fatigue insupportable qu'une surcharge mentale démesurée, nous avons tendance à nous replier sur nos bases, sur nous-mêmes et nos besoins. Avec tous les risques que cela comporte. Et je ne pense pas que cela soit un hasard si de fortes revendications identitaires, jusqu'ici latentes, ont éclaté très rapidement à la suite du confinement, pour des raisons certes légitimes, mais pas nouvelles, avec pour déclencheur la mort de George Floyd le 25 mai 2020 lors d'une interpellation musclée par quatre policiers de la ville de Minneapolis, aux États-Unis. Cet événement a généré des manifestations contre le racisme dans le monde entier, et, au-delà, pour la reconnaissance de l'esclavage et ses méfaits par les pays coloniaux, avec le déboulonnage de statues de personnalités considérées comme responsables de ce drame historique. Un espoir de justice sociale pour tous, latent depuis des décennies, qui a trouvé, après les restrictions de liberté, un nouveau souffle. Il en va de même également pour de nombreuses thèses mélangeant extrémisme et racisme, allant du « grand remplacement » réintroduit par Renaud Camus depuis 2010, à la « grande réinitialisation », qui imagine une mise en esclavage de l'humain par le contrôle de nos cerveaux, des théories qui existaient déjà avant la pandémie mais dont la diffusion a augmenté de façon exponentielle, avec des défenseurs de plus en plus actifs et des publics réceptifs bien au-delà de l'extrême droite.

Cela se traduit tant par une forme d'explosion des envies et volontés – parfois extraordinairement créatrice – que par un repli encore plus important et une difficulté à appréhender l'avenir. C'est ainsi que, deux mois après la sortie du confinement, plus de 50 % des répondants à l'étude COVADAPT[1] continuaient de déclarer soit un manque d'envie de sortir, soit un sommeil dégradé et une fatigue mentale encore très présente, voire majeure, pour 20 % d'entre eux. Des chiffres confirmés par l'importante hausse des demandes de consultation psychiatrique depuis le déconfinement, et particulièrement venant d'adolescents en psychiatrie ambulatoire. Des chiffres amenés à augmenter dans les mois à venir avec les effets du stress post-traumatique, les épisodes dépressifs ou les *burn-out*, si la crise ne s'apaise pas rapidement, ce qui risque d'être le cas.

Ces fatigues mentales, parfois profondes, habituelles lors de crises longues, ont été ici exacerbées par plusieurs facteurs endogènes et exogènes, réels ou imaginaires, qui ont impacté fortement notre cognition. Certains très compréhensibles – augmentation de travail, situation de vie difficile, anxiétés – et d'autres, causés par nos besoins primaires mis en défaut, une incompréhension de la situation et le besoin de notre cerveau de se protéger, en utilisant parfois des méthodes contreproductives.

1. Voir note p. 9.

Des besoins primaires intangibles

Lors d'une situation difficile, notre premier réflexe est de chercher à garantir que nos besoins primaires sont satisfaits, puisque nous savons inconsciemment qu'ils sont essentiels. Lorsque l'un ou plusieurs de ces besoins vitaux sont menacés, la raison s'efface derrière le besoin, la solidarité au profit du repli sur soi. Peu de moyens permettront de faire entendre raison à une personne qui craint de manquer de l'une ou de l'autre de ces fonctions.

– **Respirer**. C'est le plus vital. On ne survit que quelques minutes, environ trois, sans respirer. Inconsciemment, tout ce qui touche à l'air et notre capacité à respirer nous inquiètent. Un air restreint ou contaminé est une source d'inquiétude profonde pour notre cerveau. Et nous avons beaucoup parlé du risque de contamination par l'air par ces fameuses gouttelettes, et le débat sur la nécessité ou non du port du masque en a été l'exacerbation parfaite. L'une des théories complotistes très répandues est la démonstration que le masque est dangereux pour nous, car il empêche de respirer correctement, en retenant le CO_2 tout en laissant passer le virus[1].

1. Ce qui est faux puisqu'une molécule de CO_2 est bien plus petite que le SARS-CoV-2.

Même sans y être réceptif, ce genre de message répété à qui mieux mieux nous inquiète car il touche directement la notion fondamentale de notre capacité à respirer.

– **Boire**. Là aussi le besoin est primordial puisque trois jours sans boire sont généralement fatals. Naturellement, les communications sur les possibilités que l'eau soit contaminée et puisse être un vecteur de contamination ont été immédiatement pointées dans les commentaires.

– **Manger**. Nous pouvons résister 30 jours sans manger dans des cas extrêmes. Il est pourtant conscientisé comme le besoin le plus problématique, les deux premiers étant des évidences inconscientes qui nous paraissent peu menacées. Les razzias dans les magasins de presque tous les pays touchés par le virus en sont l'illustration. Des gestes que l'on s'attend à voir en temps de guerre ou dans des pays où l'approvisionnent est déficient. Ces scènes se sont répétées à chaque nouvelle annonce, malgré les rappels des gouvernements que le risque de pénurie était nul.

Ce sont là nos trois besoins vitaux primaires. La vie sans l'un d'eux nous est impossible. Nous pouvons en ajouter quatre autres, parfois plus circonstanciels à nos sociétés, mais qui nous semblent indispensables pour vivre.

– **Notre santé,** et plus globalement notre autonomie et notre longévité grâce à une bonne santé.

– **La liberté** de penser, d'agir, de découvrir et de s'exprimer. Une notion fortement mise à mal, puisque la liberté d'agir a été extrêmement contrainte, celle de penser en partie aussi avec parfois des injonctions des autorités très marquées limitant la capacité décisionnelle. Il n'est donc resté que la liberté d'expression qui, elle, clairement, n'a pas fait défaut, devenant l'exutoire à toutes les autres.

– **La salubrité**. Nous nous sommes habitués à un confort de base et une sécurité « garantie » par nos sociétés. Habitats tempérés, habillement, accès aux soins, électricité, hygiène, qui nous paraissent à la fois évidents et non négociables, au point d'oublier que plus de 70 % des humains sur la planète n'ont pas accès à au moins l'un des éléments suscités. Se passer de l'un ou de l'autre ne nous semble pas acceptable. Le papier toilette, acheté en masse en même temps que l'alimentation, a illustré à lui seul cette priorité inconsciente d'un « confort acquis » dont on ne peut plus imaginer se passer.

– **Nos proches**. Ils ne sont pas intégrés dans nos besoins primaires. Mais nous savons toutes et tous à quel point ils comptent. L'amour reste le moteur le plus puissant pour agir et l'on est souvent prêt à presque tout pour protéger celles et ceux que l'on aime. Et beaucoup de personnes ont été privées de ces relations, parfois même du droit de pouvoir rendre un hommage digne à un être cher disparu. En dehors de nos besoins primaires vitaux, rien n'est plus violent que de perdre ce droit.

Tous les jours de notre vie, nous cherchons à satisfaire ces besoins et à réduire notre anxiété de les voir mis en défaut. Alors non, nous n'étions pas en guerre et notre existence n'a rien à voir avec les drames vécus en Syrie par exemple. Le texte largement partagé « Nos grands-parents ont dû partir au front pour nous sauver, nous, nous n'avons qu'à rester chez nous » l'illustre bien. Pourtant, chacun de ces besoins a, de manière directe ou détournée, été inquiété ou mis en défaut durant cette crise. Un sacré job pour notre cerveau qui met en place des fonctionnements automatiques ou semi-automatiques pour les satisfaire, en développant des stratégies d'ajustement, parfois au détriment du besoin, dont les fameux « biais cognitifs ».

Biais cognitifs ou instinct de survie ?

On parle beaucoup des biais cognitifs, ces « distorsions inconscientes » qui limitent ou orientent notre capacité à traiter les informations.

Plusieurs raisons peuvent pousser à cela, dont le traitement émotionnel, l'éducation autant que des fonctions primaires nichées dans les recoins les plus anciens de nos cerveaux, sur lesquels nous n'avons presque aucune prise. Depuis 1973 et la mise en lumière de ces principes par leurs inventeurs, Daniel Kahneman et Amos Tversky, deux spécialistes de la décision face aux risques, les biais cognitifs sont classés par groupe pour tenter d'expliquer certains comportements humains (jusqu'à 200 dans certaines classifications). Pour l'essentiel, on peut les regrouper sous des catégories d'attention, de mémoire et d'interprétation. Plus notre anxiété et notre besoin d'être rassuré augmentent, plus ces biais peuvent prendre de l'influence, jusqu'à altérer profondément notre jugement et notre manière de comprendre les situations. La plupart d'entre eux sont liés à des notions que nous connaissons depuis longtemps comme l'idée de se sentir supérieur ou de se rabaisser, de penser que les choses n'arrivent qu'aux autres, de chercher sans cesse à conforter ses propres idées.

L'un des premiers réflexes lors d'une situation totalement nouvelle pour nous est de la comparer à d'autres événements plus ou moins similaires. En l'occurrence, la logique semblait de se référer aux autres épidémies et pandémies : grippe A « espagnole » (1918-1919), choléra, peste, et bien entendu la plus commune, la grippe. Cela peut être utile puisque certaines similitudes peuvent exister. Mais pris au pied de la lettre, cela devient dangereux. D'abord, parce qu'aucune situation n'est exactement comparable, même lorsque plusieurs éléments nous paraissent identiques. Elle peut même s'avérer fondamentalement différente bien que nous ne parvenions pas le voir puisque nous n'avons souvent que des connaissances parcellaires. De nombreux spécialistes, par exemple, ont estimé que le confinement était une aberration *parce que*, dans les autres cas de l'histoire, cela n'avait pas été appliqué sur l'ensemble d'une population ou *parce que* nos technologies et connaissances actuelles devraient suffire à nous en prémunir. Je ne sais pas si le confinement était indispensable ou non. En revanche, nous ne pouvons pas le déterminer selon ces deux seuls critères de comparaison historique et de savoir technologique. La dernière grande pandémie mondiale est celle de la grippe espagnole de 1918. La population est alors de 1,5 milliard de personnes, cinq fois moins qu'aujourd'hui. La France et le

Royaume-Uni comptent chacun 40 millions d'habitants, contre 67 de nos jours, et un pays comme l'Inde est passé de 251 millions d'habitants en 1921 à 1,250 milliard, soit un petit milliard de personnes en plus. La part de population urbaine est passée de 25 % à 70 %. Les déplacements nationaux et internationaux ont plus que centuplé. La densité de la population et le nombre de ses déplacements étant un facteur clé de propagation des agents pathogènes viraux, ces chiffres à eux seuls permettent de relativiser la comparaison possible entre ces deux périodes. Et si la salubrité générale s'est grandement améliorée (du moins dans les pays développés), ce qui a permis de réduire la propagation du choléra par exemple, cela a beaucoup moins d'incidences sur un virus qui se propage par voies aériennes. De nombreuses autres comparaisons du même type seraient possibles, qui rendent difficile d'opposer la qualité des décisions prises en 1918 et en 2020. Cela ne veut pas dire que c'est totalement inutile, mais que cela doit être grandement nuancé par de nombreux autres paramètres et faisceaux de présomption. Le plus dangereux n'est pas de prendre une décision fondée sur une connaissance erronée ou limitée, que l'on révisera au fur et à mesure de l'évolution des paramètres, mais de s'appuyer sur des données que l'on croit absolues, donnant l'impression que notre décision est absolue elle aussi, ce qui nous empêche de la réviser.

Comparer la Covid-19 avec la grippe en est le parfait exemple, amenant parfois à des décisions terribles. Combien de fois le terme « ce n'est qu'une grippe », banalisant les risques de la pandémie, a-t-il été entendu ? Combien de comparaisons morbides ont circulé dans les médias et sur les réseaux sociaux entre le nombre de morts de la grippe par année et celui de la Covid-19, et ce dès le mois de février, alors que le SARS-CoV-2 commençait à peine à se répandre dans le monde ? Des rapprochements venant souvent de la part de médecins ou de personnalités politiques. Le 6 mars, le porte-parole de l'Association des médecins urgentistes de France, Christophe Prudhomme, déclare : « On est un certain nombre de médecins à penser que la surréaction politique risque d'être plus grave que la maladie. L'épidémie de grippe saisonnière en France, c'est 5 000 morts. Avec le retour de Chine dont on dispose, on sait désormais que ce virus est peu mortel[1]. » Son collègue Jean-Paul Hamon, alors président de la Fédération des médecins généralistes[2], annonçait lui que « la mortalité reste de l'ordre de celle de la grippe, il n'y a pas à paniquer ». Bon, trois

1. Sur le plateau de la chaîne LCI, 6 mars 2020.
2. Il a quitté la présidence le 30 juin 2020.

semaines plus tard à peine, nos deux compères étaient de nouveau sur des plateaux de télévision pour clamer qu'il était inadmissible de voir à quel point le gouvernement n'avait rien fait. Hamon déclare à *L'Express*, le 22 mars, que « l'imprévoyance du gouvernement et de l'administration française a été totale dans cette affaire » et Prudhomme, vindicatif, lance le 31 mars sur BFMTV que « gouverner, c'est prévoir et rien n'a été préparé. [...] Il faudra que les responsables passent à la caisse et paient. »

Et je pourrais énumérer un grand nombre de retournements de veste intellectuels similaires. Il est vrai qu'alors les informations manquent encore cruellement, et que nombre de symptômes initiaux de la Covid-19 paraissent similaires à la grippe. Il n'empêche : lorsque l'on est médecin, responsable politique ou même star, lorsque l'on est écouté, la moindre des choses est de mesurer grandement ses propos face à une maladie nouvelle que l'on ne connaît pas encore. Quelle prétention de croire que nos connaissances scientifiques nous permettent de tout savoir, de tout comprendre d'une maladie avec trois mois de recul seulement et 100000 personnes contaminées. Autant de biais de persuasion qui nous poussent à trop faire confiance à nos connaissances et nos croyances (pour ne pas parler de « biais de supériorité »). C'est le sens des mots de

Françoise Barré-Sinoussi qui a tenté de lancer un appel à la prudence dans les prises de parole et les propositions de traitement : « Ne donnons pas de faux espoirs, c'est une question d'éthique. » C'est d'autant plus grave que ces mêmes spécialistes ne lisent pas beaucoup la littérature scientifique comme l'ont déjà montré plusieurs études. Car une publication du *New England Journal of Medicine*, le 28 février, précisant les caractéristiques de la Covid-19 à la suite des premiers cas chinois est passée inaperçue. Elle montrait déjà bien que la Covid-19 est loin d'être une « grippette ». Et aujourd'hui nous commençons à découvrir, au-delà des décès, les séquelles potentielles que cette maladie provoque, avec des lésions cérébrales, pulmonaires et cardiaques, parfois une perte du goût dont nous ne savons pas si elles sont réversibles à ce jour.

Parmi les autres biais influant dans ce type de situation, celui de confirmation fait des ravages : cette tendance à ne rechercher et ne prendre en considération que les informations qui confirment nos croyances et à ignorer, ou discréditer, celles qui les contredisent. Je pense que nous avons toutes et tous à un moment donné commis cette erreur, en nous contentant de la lecture d'une publication sur les réseaux sociaux pour étayer nos idées, sans vérifier la source de l'information initiale. Lorsque nous n'étions pas victimes du classique effet Dunning-Kruger : il démontre que lorsque quelqu'un ne maîtrise pas bien un sujet, il va avoir tendance à se considérer comme un expert de ce dernier, parce que le fait de connaître quelques données sans avoir vérifié que d'autres existent donne l'impression que l'on sait tout ce qu'il y a à savoir sur le sujet. Combien de vidéos tentant de nous expliquer « la vérité », réalisées par des personnes commençant leur discours par : « Cela fait un mois que je potasse, que je lis tout ce qu'il y a à lire sur le sujet et je peux vous le dire "On nous ment". » Amis médecins et chercheurs, voilà enfin *la* bonne nouvelle de cette crise, plus la peine de faire neuf ans d'études, ni de vous construire une expérience de plusieurs années, un petit mois suffit pour couvrir l'ensemble des tenants et aboutissants de la situation.

Cela est renforcé par les biais d'attention qui vont pousser le cerveau à ne prendre en compte que les informations qu'il considère comme pertinentes et non toutes celles disponibles. Nous sommes plus enclins à sélectionner des informations liées à nos préoccupations directes. Par exemple, vous n'aviez jamais entendu parler d'une marque de petit pot pour bébé, quand vous devez pour la première fois vous intéresser à la nourriture infantile après la naissance de votre premier enfant. Soudain, régulièrement, cette marque va apparaître dans votre paysage. Sur un camion, dans une publicité, ou ailleurs. Ce n'est pas qu'elle n'existait pas avant, mais elle n'avait aucun intérêt pour vous. Vous l'occultiez tout simplement pour ne pas surcharger votre cerveau d'informations inutiles. Le danger de cette focalisation spécifique est que cela peut nous conduire à ignorer ou à négliger des signaux faibles qui auraient pu avoir valeur d'alerte, mais qui ne rentrent pas dans notre état d'esprit du moment.

Cela peut nous mener à un « effet tunnel ». Le fait de ne regarder que le but recherché, et de tellement se focaliser dessus, que plus rien autour n'a d'importance. Tout ce que vous faites est totalement centré sur ce seul but. Dans ces cas-là, vous perdez totalement votre vigilance pour tout ce qui vous entoure et qui n'est pas lié à votre but ou votre activité. Cela vous est sans doute déjà arrivé d'être tellement concentré sur votre lecture que vous n'entendez pas une personne s'approcher de vous, au point qu'elle vous surprend totalement lorsqu'elle vous dit bonjour ? C'est un effet tunnel, de très faible importance.

Mais lorsque cela nous pousse, souvent à cause de la fatigue ou de l'anxiété, à ne plus voir des informations capitales pour la compréhension d'une situation mortelle, c'est plus gênant. Et c'est ce qui est arrivé à nombre d'experts, cherchant à prouver leurs idées à tout prix même fondées sur des faits erronés.

Ces différents biais peuvent provoquer un immense aveuglement au moment de prendre ses décisions et une communication totalement inappropriée et désordonnée, ce qui nous ramène au chapitre 2 de cet ouvrage.

C'est l'une des raisons qui doit nous inciter à une forme de bienveillance envers celles et ceux que nous nommons les complotistes, et les théories plus ou moins farfelues qu'ils développent. Cela fait partie des réponses aux doutes et aux peurs que génère une situation dans laquelle nous ne nous sentons pas à notre place, dont les modèles ne nous permettent pas de trouver des réponses. L'ensemble de ces biais peut nous pousser à perdre de vue de nombreuses informations jusqu'à nous persuader d'éléments qui nous paraissent plus acceptables. La perte de confiance, les réponses évasives, les réactions démesurées ont leur part de responsabilité dans les complots. Ce ne serait pas grave si le risque n'était pas que s'installe profondément ce mode de pensée : il est très, très rapide de perdre confiance, jusqu'à haïr les personnes dont on considère qu'elles sont responsables des faits, et de générer des convictions qui répondent à ces doutes. Mais il est ensuite très long de faire le chemin inverse, puisqu'il faut alors déconstruire un schéma moteur de la pensée pour en proposer un autre acceptable, souvent proche de ce que la personne avait voulu rejeter. Dans une proportion bien plus importante et grave, les dérives sectaires ou même le djihadisme suivent ces mêmes schémas moteurs.

Il est donc très important de prendre en compte ces notions et d'agir en conséquence. Et en aidant les personnes autour de nous à le faire également. Ce n'est pas facile, et encore moins en plein cœur d'une crise qui nous mobilise beaucoup. D'où l'importance de se pencher sur ces points lorsque nous allons bien, que les éléments sont plus calmes... Quand justement on ne pense que rarement à le faire. La situation provoquée par la Covid-19 nous invite plus que jamais, une fois que nous serons plus apaisés, à préparer nos cerveaux aux prochaines alertes et aux crises ! La première façon de le faire est de ne jamais réfléchir seul, mais de toujours confronter ses idées avec d'autres et plus spécifiquement avec des personnes bienveillantes, mais qui ne sont pas d'accord avec nous, qui n'auront pas de problème à nous contredire. La réflexion qu'impose de trouver un terrain de compréhension commune est toujours bénéfique.

5. Acceptation
et prise en compte des risques

Quel est le risque acceptable ? Impossible d'échapper à cette question au moment de prendre des décisions de crise. En réalité, elle est plutôt : quels sont les risques et les sacrifices que les personnes pour qui je prends ces décisions sont prêtes à accepter, et lesquels *je* suis prêt à accepter ? Des milliers de scientifiques, dans des centaines d'études, se sont penchés sur ce point crucial de nos perceptions d'une crise. Acceptation, éthique, morale, liberté, honneur, engagement, émotions… Comment pouvons-nous prendre une décision qui implique un risque pour autrui à l'aune de l'ensemble de ces paramètres ? Des milliers de simulations ont été faites pour essayer de comprendre ce que nous considérons comme acceptable, plus encore lorsque des vies sont en jeu. L'une des plus célèbres est le dilemme du tramway. La question est simple : un tramway roule sur des rails et arrive à un croisement. Il n'y a aucune chance qu'il puisse s'arrêter, les freins étant défaillants. Sur la voie, face à lui, se trouvent cinq personnes qui mourront assurément si le véhicule leur fonce dessus. Mais vous pouvez, en tant que chauffeur du tram, décider d'actionner l'aiguillage qui vous fera prendre une autre voie, sur laquelle se trouve un seul homme, qui lui non plus n'a aucune chance de survivre si le tram lui fonce dessus. Que faites-vous ? Sur quelle base prenez-vous votre décision ? Ne rien faire, et laisser le destin agir ; actionner l'aiguillage pour n'en tuer qu'un au lieu de cinq ? De ce principe, et des dizaines de variantes possibles, nous essayons de tirer des conclusions sur le risque acceptable et la morale du risque. Et s'il y a un enfant parmi eux, ou si certains sont des animaux à la place des humains, et si…

Il n'y a qu'un problème avec ce type de simulation, ce sont des simulations, fondées sur des raisonnements intellectuels ! Il y a une immense différence entre imaginer un scénario, se projeter intellectuellement dans une situation, et la vivre. Parce que ces scénarios questionnent avant tout une morale rationnelle, en partie liée à notre éducation. Au moment de prendre une décision dans la vie réelle, et excepté pour des personnes très entraînées, notre raison va devoir composer avec un nombre impressionnant de facteurs, qu'aucune simulation ne pourra totalement générer, à commencer par nos émotions, et les fameux biais.

Pensez-vous que vous auriez agi de la même façon, si l'on vous avait annoncé, début janvier : « Nous allons cette année faire un grand exercice : un virus va se propager dans le monde, et vous devrez décider quelles sont vos réactions » ? Auriez-vous eu la même peur, la même acceptation du confinement, le même comportement ? Aucun d'entre nous ne serait resté confiné plus de dix jours dans un tel cas, et la simulation n'aurait pas été poussée plus loin. Ce type d'exercice a d'ailleurs parfois lieu, comme aux États-Unis en 2019. Mais vu l'impact de la Covid-19 dans ce pays, je ne sais pas si cela leur a été d'une grande utilité. Par exemple, le scénario n'incluait pas Donald Trump comme un président considérant la pandémie comme une plaisanterie. Cela fait une différence majeure. Même si nous pouvions confiner un pays durant dix jours pour un grand test, les conclusions que nous en aurions tirées n'auraient pas pu établir la réalité de ce que nous avons vécu.

Le problème est que, sur ce type de questionnement moral et intellectuel, nous construisons les fondements de notre avenir. Par exemple, en ce qui concerne la voiture autonome. Car tout autonome qu'elle soit, et toute bardée de capteurs et de supra intelligence, elle aura aussi des accidents. Alors comment fera-t-elle ses choix, puisque l'intelligence artificielle n'en est pas moins initialement programmée par des humains pour servir un besoin ? En 2016, l'étude « *Moral Machine* », entreprise par le Massachusetts Institute of Technology (MIT), a été menée dans le but, au travers de ces techniques d'acceptation du risque, de concevoir les différentes perspectives sur les décisions morales prises par les machines « intelligentes ». Les réponses des 40 millions de sujets issues de 233 pays et régions ont été publiées dans la revue *Nature* en octobre 2018. Certes, quelques grands points prédominants assez logiques émergent, comme sauver les humains plutôt que les animaux, sauver plus de vies plutôt que moins, et en priorité les enfants. Mais surtout, on assiste à une disparité très marquée d'un pays ou d'une région à l'autre. Si cela va poser quelques difficultés aux concepteurs d'algorithmes pour créer un système fonctionnel universel, cela démontre surtout quelque chose de plus important : nos décisions, nos choix face aux risques et aux dangers, à l'acceptation ou non de la mort, dépendent beaucoup de qui nous sommes, de notre gestion des émotions et de notre éducation. Et c'est très compréhensible. Si depuis l'enfance, vous avez été éduqué dans l'idée que tuer est mal, et que ce n'est jamais à vous de décider qui doit mourir ou non, impossible de choisir d'actionner l'aiguillage puisque c'est une décision qui ne vous appartient pas. A *contrario*, si vous avez appris à haïr l'Occident en suivant une formation de djihadiste qui a pour objectif l'anéantissement d'un monde, vous chercherez par tous les moyens à diriger votre tram sur les cinq personnes, mais aussi sur la sixième isolée.

Ces réponses interviennent dans des concepts simulés. Elles seraient encore plus divergentes si l'on parvenait à observer ce type de comportement dans des situations réelles. Bon… on n'a pas reçu l'autorisation de faire l'expérience ! Ce qui explique, entre autres, la difficulté, sinon l'impossibilité, de faire des comparaisons sur nos différents choix, comme sur ceux de chaque pays dans sa manière de lutter contre la maladie, fondés également sur les idées des populations qui les composent. C'est aussi vrai si on s'interroge à propos des événements passés dont on connaît bien les circonstances. Ainsi, si je vous demande aujourd'hui : « Auriez-vous été collaborateur ou résistant durant la Seconde Guerre mondiale en France ? », que répondez-vous ? Naturellement, nous préférons majoritairement l'idée d'être résistant, bercé par le récit des actions de héros, tels que Lucie et Raymond Aubrac, à la noblesse chevillée au corps. Mais en 1940 ? La peur au ventre, le risque de perdre ses proches, la pénurie de denrées de base qui pourrait s'améliorer si je donne un coup de main à qui il faut... Qui peut dire avec certitude ce qu'il aurait fait ? Il y a notre état d'esprit, ce que nous sommes, bien entendu, mais aussi mille circonstances, parfois des détails, qui peuvent nous faire basculer d'un côté ou de l'autre. Si j'hésite, mais que la personne que j'aime profondément entre en résistance, je vais possiblement la suivre. La conception intellectuelle de la réalité ne peut jamais prendre en compte l'ensemble des aspects qui poussent une personne à décider.

Supprimer le risque ?

Nous cherchons donc depuis plusieurs années une chose qui paraît intellectuellement sensée, la réduction, et si possible, l'annulation du risque. C'est d'ailleurs l'un des arguments les plus utilisés pour justifier le principe des voitures et autres engins autonomes dont les algorithmes froids, sans émotion, devraient éviter les erreurs. Avec la stabilité que vit l'Occident depuis plusieurs décennies et une protection médicale, sociale et nutritionnelle qui nous a permis de gagner quarante années d'espérance de vie en un siècle, nous nous sommes habitués au concept politique du risque zéro et le principe de précaution a glissé d'une nécessité de protection environnementale, ce pour quoi il avait été conçu, à une volonté de protection de l'humain. La mort en elle-même devient de plus en plus inacceptable, quel que soit l'âge. Est-il acceptable de considérer qu'une personne de 90 ans décède de la Covid-19 ? De choisir de ne pas la prendre en charge au profit d'une personne diabétique de 50 ans si les places en réanimation venaient à manquer ? Aurions-nous dû faire encore plus, hypothéquer encore plus nos avenirs, pour protéger tout le monde ? Si c'est une personne proche, bien sûr ma réponse ne sera pas la même, et c'est normal. C'est l'un des enjeux des décisions politiques futures. Dans un monde en profonde mutation dont les populations sont vieillissantes, comment gérer les risques infectieux ? Nous supportons de moins en moins qu'une maladie puisse ne pas être soignée, qu'un de nos organes soit défectueux, puisque notre science paraît toute puissante et l'affirme parfois. Des entreprises n'ont-elles pas été créées sur le concept de la vie éternelle[1] ?

Cette stabilité médicale et cette vision politique – partagées, voire réclamées par la majeure partie des citoyens – nous plongent dans l'illusion que rien ne

1. Je ne vais pas plus loin ici sur ces différents points que j'ai déjà développés plus longuement dans *Explorer demain* (Robert Laffont, 2019).

doit plus nous arriver, parce que tout est prévu et paramétré. Et donc que tout est prévisible ! C'est ce qui nous a fait réduire nos réserves de masques, qui répondaient à un problème qui ne devait plus se produire ou que l'on saurait anticiper.

C'est ainsi que la médecine de la santé du corps, de la technique et de la chimie, a pris le pas sur le reste. Et qu'elle a orienté les choix durant la pandémie pour la majeure partie des pays. Au moment de prendre des décisions permettant de préserver la santé physique, réduire la maladie et la mortalité, il a fallu accepter d'importantes réductions des libertés – fermeture des lieux de vie, arrêt des contacts, confinement – et une chute économique sans précédent dans l'histoire contemporaine. Personne ne s'est alors vraiment préoccupé de l'impact de ces mesures à moyen et long terme pour la santé mentale, ou les implications à plus large échelle des conséquences de la crise économique dans le monde. C'est le problème des crises, elles focalisent notre attention sur une situation immédiate et un problème bien précis, et tendent à occulter le reste. Quand bien même certains de ces effets seront irréversibles. Et cela ne semblait parfois encore jamais assez. Je ne compte pas les posts que j'ai vus sur les réseaux estimant que le gouvernement n'en faisait pas assez pour réduire la prolifération du virus dans le seul but de préserver la sacro-sainte économie. Christian Perronne, dans son livre à charge *Y a-t-il une erreur qu'ILS n'ont pas commise ?*, s'insurge même qu'au sein du Conseil scientifique, deux personnes sur onze ne soient pas médecins ou épidémiologistes. Quoi ? Aux côtés des neuf infectiologues, virologues et épidémiologistes siègent Laëtitia Atlani-Duault, une anthropologue, et Daniel Benamouzig, un sociologue ? Voilà bien des gens qui ne servent à rien ! Il y a eu 30000 morts en France, près de 200000 en Europe, et nombre de ceux qui ont guéri garderont peut-être des séquelles à long terme de la maladie. Et c'est évidemment terrible. Mais que dire des 20 % environ de la population qui souffrent de symptômes traumatiques mentaux et dont beaucoup en garderont les séquelles à long terme ? Que dire des autres pathologies moins prises en charge dans les hôpitaux, avec des personnes qui n'osaient même plus sortir de chez elles pour aller se faire ausculter ? Des conséquences mondiales pour les pays en développement ? Des millions de morts de faim supplémentaires, des emprunts colossaux qui font exploser la dette, avec plus de 2500 milliards d'euros pour 120 % du PIB en France. Aucune importance selon plusieurs économistes, dont la prix Nobel Esther Duflo, qui invitent à ouvrir les vannes de la dépense publique en empruntant massivement. Puisque les taux sont bas, cela ne coûte pas cher, il faut en profiter. Il suffit que les taux ne remontent pas et tout ira bien. Sur ces raisonnements, certains pays se sont lancés dans une jolie première en contractant des emprunts à cent ans, comme l'Autriche, qui imite ainsi l'Irlande, la Belgique ou le Mexique. Cent ans ! Avec pour plusieurs de ces emprunts des taux fixes sur quelques années, puis des taux variables, ce qui est une véritable bombe à retardement. Qui peut prédire les taux dans vingt ans ? Nos enfants, petits-enfants, arrière-petits-enfants continueront ainsi de payer nos dettes. Car ne l'oublions jamais : la dette d'un pays est une manière de faire payer à nos enfants, nos descendants, le train de vie dont nous désirons pouvoir continuer de bénéficier aujourd'hui.

Il aurait fallu bien plus de spécialités dans la composition de ce Conseil scientifique, et au moins un spécialiste en psychiatrie. L'épidémiologie d'une telle pandémie ne peut se limiter à la seule cause sanitaire, mais doit prendre en considération l'ensemble des risques humains, dont les affections collatérales seront plus violentes que celles causées par le virus. La gestion des crises ne peut se satisfaire de traiter uniquement le problème immédiat. Elle doit sans attendre évaluer un ensemble, imaginer un but, vers où nous voulons aller, et commencer à projeter les conséquences en considérant les impacts au-delà de l'impression observable. Sur ce point, la Covid-19 nous a mis devant nos propres contradictions. La sécurité n'a été perçue qu'en termes de santé, avant tout et à tout prix. Et cela va sans doute nous coûter beaucoup à long terme.

Sécurité *versus* liberté

L'illusion de l'annulation du risque, de vivre sans peur, nous pousse à une déresponsabilisation autant qu'une perte progressive de liberté. Il n'y a plus de risque, et je ne veux plus qu'il y en ait. Si cela devait quand même survenir, *d'autres* auront la solution, et plus spécifiquement les gouvernements. Bien sûr, les gouvernements ont des décisions à prendre pour l'ensemble des habitants, mais ils ne sont pas, et ne devraient pas être omniscients. Or, nous attendons d'eux toujours plus de sécurité, la fameuse idée que gouverner c'est prévoir. Pourtant, si nous les estimons responsables de la solution, ils sont *de facto* responsables de notre sécurité puisque la solution idéale réside d'abord dans le fait que le problème ne survienne pas. Ce qui crée de nombreux paradoxes. Nous aspirons à être libres tout en dépendant d'autrui. Nous ne désirons pas que l'État s'immisce dans nos décisions, mais nous voulons qu'ils résolvent les problèmes à notre place. Un peu comme l'histoire de la poule et de l'œuf : sont-ce les gouvernements qui imposent des contrôles et des lois liberticides au prétexte de nous protéger, ou est-ce la demande de citoyens qui se déresponsabilisent et pousse les gouvernements à le faire ?

La liberté individuelle est-elle possible dans un monde sans risque ? Peut-on concevoir une sécurité commune autant que la liberté de chacun ? En cas de crise, la réponse semble bien être non, comme le montrent clairement les données du *Coronavirus Government Response Tracker* d'Oxford[1] à l'occasion de cette pandémie. Tous les pays ont réagi par des mesures extrêmement restrictives. Mais tout le monde peut accepter des ordres, des restrictions, si l'on en comprend le besoin et la raison. Et cela a été le cas au début du confinement, avec 95 % des personnes qui l'approuvaient[2], ce qui est rare pour une mesure liberticide.

Des choix terrifiants

Pour comprendre une situation, et l'intégrer pour soi-même, nous devons en général réduire le concept de coopération à un ensemble compréhensible, c'est-à-dire moi. Ma famille. Mes proches. Mes collègues. Mes voisins. Les habitants de mon pays. Ce qui commence déjà à faire

1. Voir chapitre 1.
2. Données COVADAP, voir note p. 9.

beaucoup. Au-delà, le concept devient très complexe à bien appréhender.

Si la capacité démocratique existait de pouvoir consulter tout le monde très rapidement, et que l'on vous avait donné le choix en vous disant :

Nous voulons vous confiner deux mois pour sauver quelques dizaines de milliers de vies en France, dont plus de 90 % d'entre elles seront des personnes de plus de 65 ans. Mais cela va causer des centaines de milliers de personnes traumatisées, près d'un million de licenciements, des dettes pour la nation pendant des dizaines d'années et la mort de plusieurs centaines de milliers de personnes dans le monde, principalement des enfants qui n'auront plus assez à manger pour vivre. Ou alors, nous ne confinons pas, nous faisons le strict nécessaire, et nous aurons sans doute le double de morts chez nous, mais nous pourrons peut-être réduire les autres conséquences.

Qu'auriez-vous choisi ?

Car c'est concrètement ce qui se passe. La chute économique avec l'arrêt du travail dans des pays où si l'on ne travaille pas, on ne mange pas, et la réduction des flux d'approvisionnement ont dramatiquement accru les décès par la faim et les maladies non soignées. Ils sont dans le monde de l'ordre de 25000 par jour en temps « normal » selon l'ONU, ce qui est déjà énorme, cela va sans dire. Avec la crise résultante de la pandémie, ils ont augmenté dans une proportion de l'ordre d'au moins 10000 par jour de plus, sans parler des maladies non soignées.

Sur la période du 1er janvier au 1er août 2020, 700000 personnes sont mortes du virus et 5,7 millions de la faim ou de mauvais traitements dans le monde. Huit fois plus. Je ne fais pas ici de comparaison, ni de valorisation de la mort, et le sujet n'est pas de dire « puisqu'il y a des décès de la faim ou de la grippe, on ne devait pas s'occuper des malades de la Covid-19 ». Chaque situation est différente et nous devons trouver des solutions à la famine indépendamment de la maladie et vice versa. Mais le fait est que nos émotions sont plus touchées par les morts dans notre pays que ceux invisibles dans les pays du tiers-monde. Et au moment de prendre des décisions et d'évaluer les risques, ces questions devraient être mieux posées. C'est encore plus significatif en début d'été : puisque la virulence de la pandémie s'est largement affaiblie chez nous, nous avons l'impression qu'elle est terminée. Elle ne nous concerne plus. Sans réaliser qu'elle sévit encore fortement dans d'autres régions du monde et qu'il n'est donc pas impossible qu'elle revienne plus tard, même si personne ne peut le prédire avec certitude.

La réponse n'est donc pas simple. Terrifiante même, si on nous la posait réellement. À cette question qui figurait dans l'un des questionnaires de COVADAPT, les réponses sont très partagées : 63 % des répondants déclarent qu'ils accepteraient les risques pour ne pas mettre en danger autrui, et les autres ne savent pas, ou préfèrent leur propre protection[1].

Et que choisiriez-vous si votre père ou votre mère faisait partie des gens à fort risque, et que justement le confinement pourrait le/la sauver ? Ou si le choix avait été entre le confinement que nous avons vécu, pour un temps limité, ou une surveillance permanente de vos déplacements *via* un bracelet électronique et vos téléphones ?

Alors, heureusement, peut-être, que l'on ne nous pose pas cette question. Car ce type de dilemme est probablement insoluble en situation réelle. Et c'est aussi pour cela que nous nommons, pour des périodes précises, des personnes pour nous représenter et prendre ces décisions à notre place ; parce que, en réalité, peu d'entre nous aimeraient devoir les prendre et en assumer la responsabilité et les conséquences. Très sincèrement, l'auriez-vous désiré ?

1. COVADAPT, T7, juin 2020, voir note p. 9.

Pour autant, dans les démocraties, nous n'accepterions pas que des restrictions nous soient imposées sans raison en période normale. Il est donc nécessaire de sans cesse ajuster le périmètre. Sommes-nous capables de concevoir des systèmes politiques suffisamment agiles et adaptables pour savoir toujours dans quel niveau de risque/liberté nous nous trouvons, et de constamment ajuster nos principes décisionnels en fonction ?

Le bon niveau de gouvernance est celui capable de se transformer presque instantanément selon les besoins. En temps d'accalmie et de stabilité, très démocratique et en perpétuelle discussion entre ses membres, et en temps de crise, presque autocratique avec la suppression de la plupart des intermédiaires et une adresse très directe entre les différents intervenants. Si une avalanche se déclenche, le leader crie des ordres vifs, qui ne doivent pas être discutés. Alors que pour choisir le chemin à prendre, tranquillement installés au camp de base, la même attitude ne serait ni comprise ni acceptée.

C'est ce que nous essayons de faire, avec le principe d'état d'urgence, qui permet, durant un temps limité et sur vote des institutions politiques, de donner plus d'autorité à l'État dans le but de protéger le pays et ses citoyens. Mais ce dispositif manque de souplesse, et en sortir n'est pas toujours facile. Le Patriot Act aux États-Unis, voté pour une durée de deux ans après les attentats de septembre 2001, est toujours en vigueur. Et comme le souligne David Kaye dans son rapport au Conseil des droits de l'homme (CDH) des Nations unies, la pandémie a donné l'occasion à plusieurs pays de restreindre drastiquement la liberté d'expression, comme les Philippines, l'Égypte ou la Hongrie. Heureusement, la vigilance citoyenne perdure dans les pays où la presse reste assez libre pour dénoncer les projets qui vont trop loin contre la liberté d'expression. C'est ainsi que la proposition du Premier ministre israélien Netanyahou d'implémenter des micropuces pour faire respecter la distance sociale chez les écoliers a été rejetée en masse par les experts en cybersécurité et les Israéliens eux-mêmes. Ce regard citoyen, cette liberté de parole, nous devons le préserver à tout prix.

Mais cela ne suffit pas. À Nice, par exemple, les fameuses caméras à reconnaissance faciale, déjà omniprésentes en Chine, qui permettent de détecter l'humeur d'une personne et si elle est susceptible de commettre une mauvaise action, sont sur le bon de commande du maire, Christian Estrosi, à l'entreprise israélo-chinoise qui les développe. On peut le considérer comme extrémiste sur ce sujet. Il l'est. Mais il n'a pas caché ses intentions à ses administrés qui l'ont confortablement réélu en juin 2020, agréant au passage ce principe. Valenciennes s'est vue offrir 240 caméras par le géant chinois Huawei comme « démonstrateur ». Là aussi, le maire, Laurent Degallaix, a été réélu aux municipales dès le premier tour.

Cette réduction des droits humains, des libertés, fondée sur des technologies discutables et non prouvées, paraît acceptable pour certain, en rapport à la sécurité qu'elle prétend nous apporter : empêcher les crimes avant qu'ils ne soient commis. Cette dérive sécuritaire, déjà présente dans plusieurs territoires, est dangereuse et on omet volontairement d'informer sur les risques qu'elle comporte. Que se passerait-il en cas de basculement du pouvoir en faveur d'un parti extrémiste ?

C'est cela le défi de nos sociétés sous surveillance, alors que les crises vont continuer de se succéder à l'avenir. Savoir réagir rapidement, ajuster sans cesse le « niveau » de gouvernance en mesurant les conséquences possibles afin de permettre des choix éclairés tout en évitant d'utiliser ces événements pour en faire des prétextes autorisant des restrictions à long terme. C'est pourquoi les crises, lorsqu'il s'agit du domaine de la sécurité, ne sont que rarement une bonne base de décision à long terme !

6. Des décisions et des décideurs

Face à une crise, tout repose sur nos décisions et notre aptitude à les prendre, dans un contexte où les modèles et processus mis en place auparavant ne sont plus fonctionnels. Avant tout, il faut évaluer et comprendre dans quelle échelle de crise nous nous trouvons. Nous pouvons être bien plus frappés par la destruction d'un village de montagne après une avalanche, comme c'est arrivé à Blons, en Autriche, en 1954, où les images de dévastation marquent immédiatement les esprits, que par la diffusion d'un agent pathogène invisible qui ne propose pas de représentation immédiatement remarquable. Pourtant, la première est très sectorisée et n'impacte qu'un fragment de la société, là où le second peut faire basculer un monde. Il est facile de le comprendre une fois les événements passés. La difficulté est de le comprendre en amont de la situation, et fournir des réponses en fonction de l'ampleur des risques, avec parfois des décisions qui peuvent sembler incompréhensibles mais qui sont nécessaires pour l'ensemble de la population. Il faut donc bien évaluer le niveau de crise auquel nous faisons face.

Échelle de crise

Lorsque survient un événement, son ampleur se mesure à sa différenciation par rapport aux modèles connus, prévisibles, et la réalité vécue. Je détermine cinq niveaux de crise :

– **Niveau 1** – « Calme plat » : c'est le niveau de stabilité qui correspond à la vie de tous les jours. Des événements localisés de faible ampleur surviennent, sans conséquences à long terme et qui n'affectent qu'un nombre limité de personnes à la fois.

– **Niveau 2** – « Tempête annoncée » : une crise se profile dont l'ampleur est relativement bien paramétrée et peut donc être anticipée et préparée. C'est le cas le plus souvent des ouragans, terribles à vivre, mais dont nous parvenons généralement à connaître la puissance et les zones qu'ils toucheront suffisamment en amont pour alerter les populations.

– **Niveau 3** – « Tempête incontrôlable » : la tempête était annoncée, mais surpasse les prévisions. Tout s'accélère, avec le passage de la limite qui fait basculer la situation. Les modèles prévus sont dépassés, demandant des ajustements profonds et induisant généralement une incapacité à tout prendre en charge. La rapidité et l'acuité de nos décisions deviennent nos seules ressources.

– **Niveau 4** – « Crise absolue » : la survenance, l'ampleur et/ou la durée de la crise étaient imprévisibles. Dans ces conditions, plus aucun *process* préalablement établi ne fonctionne ! L'humain devient le seul élément du succès, puisque les protocoles programmés ne répondent plus aux besoins et qu'il faut en inventer de nouveaux. La crise s'installe généralement pour une longue période. C'est par exemple, le tsunami d'Indonésie, pas anticipé, de très grande ampleur instantanée, suivi de plusieurs mois d'incertitude.

– **Niveau 5** – « Crise systémique » : c'est une crise de niveau 4 dont les répercussions vont affecter de nombreux autres domaines, provoquant une crise globale, en mille-feuille, alors que les aides classiques, nationales et internationales, n'ont plus de moyens pour intervenir.

Les plus grandes difficultés surviennent en niveau 1, 4 et 5. Les niveaux 4 et 5 sont évidents. Face à un imprévisible absolu, il est facile de comprendre que l'on soit dépassé. En revanche, le niveau 1 est plus sournois, et peut être en soi très dangereux. Ce sont des temps où l'on considère que la situation est normalisée, et qu'il n'est plus besoin de mettre en œuvre des alertes spécifiques. Le niveau de vigilance baisse drastiquement. C'est en partie ce qui s'est passé pour plusieurs pays d'Europe. Depuis des décennies, plus aucune alerte majeure de niveau 4 à 5 ne nous a impactés profondément. Seuls les actes terroristes nous ont véritablement ébranlés dans notre quotidien au cours de ces deux dernières décennies, et particulièrement le 11 septembre 2001 qui, bien que localisé à New York, a transformé une partie de la planète à la suite de l'intervention des États-Unis au Moyen-Orient. En France, depuis les attentats de 2015, les militaires du dispositif Vigipirate nous rappellent tous les jours que le risque terroriste reste bien présent sur le territoire. Pour autant, aussi terribles soient-ils, ils sont restés souvent localisés. Ce sont surtout nos réactions, et les lois, parfois liberticides, votées pour y répondre, qui installent la défiance à long terme. C'est la force de ces attaques qui, avec un très petit nombre de personnes et des actions ciblées, parviennent à toucher toute une nation, et au-delà. Mais cela ne crée pas de crise de niveau 4 pour autant.

Imaginons simplement la différence des cinquante premières années de vie entre une personne née en Europe de l'Ouest en 1900 ou en 1950. La première a connu deux guerres mondiales, une pandémie majeure (grippe espagnole) et nombre d'autres maladies alors intraitables (variole, rubéole, peste, choléra...), l'un des krachs boursiers les plus violents de l'histoire (1929). Ajouter à cela près de 50 heures de travail par semaine avec un seul jour de repos, pas de congés payés, sinon en Allemagne dès 1905, puis, petit à petit dans plusieurs pays, dont la France dès 1936, avec deux semaines de vacances ; et les droits des femmes étaient encore âprement négociés.

Pour le second en revanche, aucune guerre sur son propre territoire, des réglementations sur le travail de plus en plus protectrices (diminution du nombre d'heures de travail, congés payés jusqu'à cinq semaines, création du salaire minimum...), une croissance positive, des possibilités de déplacements et de connexions jamais égalées dans l'histoire et des systèmes de soins accessibles, parfois gratuits, avec la Sécurité sociale et la retraite, et peu de turbulences majeures obligeant à des décisions drastiques de restriction de liberté ou de bien-être. Les guerres d'indépendance comme l'Algérie, la guerre froide ou le sida n'ont pas mis l'ensemble des personnes en difficulté au même moment. Nous avons enfin eu le temps de déplacer nos combats sur les droits humains qui ont beaucoup évolué (même s'il reste beaucoup à faire) : droit du travail, Sécurité sociale, égalité des genres, droit à l'avortement, et autres. Sans vouloir idéaliser la période 1950-2000, elle n'a rien à voir avec la période 1900-1950 en termes de contraintes, de dangers ou de limitation des libertés. C'est évidemment très bien, mais cela a aussi impliqué une consommation sans limites, avec peu de considération pour le reste de la planète, une diminution de la vigilance autant que le basculement de la responsabilité personnelle en faveur de la responsabilité collective. Si je suis malade, je suis soigné. Si je n'ai plus de travail, je serai soutenu. Si j'ai des problèmes, je serai généralement aidé. Des éléments importants, constitutifs de nos sociétés modernes et qu'il serait inadmissible de remettre en cause. Cependant, cela a également généré cette impression dangereuse de maîtrise de tout, sur tout. Il nous est devenu inacceptable que l'État, le « système », ne sache pas gérer une situation, et sécuriser les citoyens. Jusqu'à estimer inadmissible qu'il ne soit pas capable de gérer le Soleil en cas de canicule comme en 2003.

Nous avons clairement relâché notre préparation et notre capacité à comprendre et accepter qu'une situation de niveau 3 à 5 puisse encore survenir. Les événements extrêmes ne nous sont plus familiers, contrairement à plusieurs pays d'Asie ou d'Afrique. Cela a accru notre manque d'anticipation.

Or, la Covid-19 nous a fait très rapidement passer au niveau 3, jusqu'en mars, et soudainement en 5. Et nous ne savons plus vraiment gérer ces épisodes, ni au niveau des citoyens, ni à celui des dirigeants, ou alors relativement mal, car la plupart d'entre eux sont issus de cette même époque de stabilité. L'expérience et les formations manquent, l'agilité et l'adaptabilité font défaut. Ce qui ne veut pas dire que nos responsables sont inaptes, mais que l'ensemble n'est pas suffisamment préparé. Cela nous fait sous-évaluer certains risques, comme ce fut largement le cas durant les premiers mois de la propagation virale. Agnès Buzyn, alors ministre de la Santé, déclarait le 14 février : « Nous sommes prêts. » Nous pensions faire face à un niveau 2 – et les déclarations jusqu'au 12 mars de la plupart des médecins et décideurs le montrent –, alors que nous étions déjà au niveau 3, et qu'au moment de comprendre le niveau 3, nous avions sans doute déjà basculé vers le niveau 5.

Il faut parvenir à mettre en place des modèles de vigilance, d'alerte et de préparation des populations, sans pour autant exacerber inutilement les peurs. À trop écouter les risques, nous perdons la capacité d'agir. C'est l'un des défis que nous allons devoir relever, dont la réponse ne pourra passer que par une réforme en profondeur de nos systèmes éducatifs[1].

Du bon système de gouvernance de crise ?

Démocratie, dictature, régime théocratique, y a-t-il un meilleur système de gouvernance qu'un autre au moment de gérer une crise ? Avec 188 pays touchés, nous avons une chance rare de pouvoir nous interroger sur ce point, avec les limites d'une observation à une aussi large échelle. D'autant plus que le virus ne s'est pas propagé de la même manière ni selon les mêmes caractéristiques partout dans le monde. J'ai à peu près tout lu sur les raisons du succès ou de l'échec de la gestion de la Covid-19, avec tout de même de nombreuses analyses discutables, involontairement ou non orientées. Les théocraties auraient mieux géré le virus parce qu'elles sont plus stables et leurs infrastructures plus modernes, en oubliant que l'Arabie saoudite et le Qatar ne tiennent pas compte dans leurs chiffres des populations qui ne sont pas de nationalité autochtone, et qui représentent dans ces deux pays entre 76 % et 80 % de la population active, dont une grande partie

1. Voir chapitre 9.

travaille sans salaire et a été expulsée au début de la crise ! Tel ou tel pays d'Asie a su juguler la propagation du virus, sans préciser que les contrôles mis en place pour y parvenir n'auraient jamais été acceptés dans nos démocraties.

Les pays avec le moins de morts au total étaient par définition ceux qui ont le mieux géré la situation. Mais on ne peut dire d'une crise systémique qu'elle est bien gérée si elle ne prend en compte qu'un seul des aspects de la crise, ici le sanitaire, sans comptabiliser des autres dommages collatéraux. La salubrité des personnes fragiles, l'économie et le maintien d'un niveau de vie, les droits humains – qui sont réduits bien entendu, mais ne doivent pas être totalement bafoués – sont également des aspects d'équilibre de crise qui n'ont pas été vraiment, et c'est un euphémisme, pris en compte par certains pays avec « de bons résultats ». Je ne sais pas si les disparitions soudaines des lanceurs d'alerte Li Zehua, Chen Qiushi et Fang Bin, qui avaient posté des vidéos de chaos dans les hôpitaux chinois ; la condamnation de journalistes comme Chen Jieren (15 ans de prison), Hu Shuli (interdiction de publier), Xu Zhidong (arrêté)[1] ou l'obligation faite à Li Wenliang et ses collègues, les premiers à avoir alerté sur

1. Selon *Le Canard enchaîné* du 22 juillet 2020 et *Le Temps* daté du même jour.

le nouveau coronavirus, de signer des rétractations indiquant qu'ils avaient menti et qu'aucune nouvelle maladie n'existait, démontrent une bonne gestion de la crise en Chine. Mais le nombre de décès officiels est en revanche exemplaire…

Ce qui se détache de manière la plus marquante, c'est surtout que les territoires où la crise globale a fait le moins de dégâts sont les pays réunissant quatre éléments : un bon équilibre entre les décisions centrales et l'autonomie régionale autant que des systèmes spécialisés (au niveau d'un hôpital par exemple) ; un nombre réduit d'intermédiaires entre le terrain et les décideurs nationaux ; une compréhension de la situation par les populations qui s'impliquent par un accompagnement actif, recevant et acceptant leur part de responsabilité ; une communication de grande qualité[1].

L'Allemagne, souvent citée en exemple en Europe, ne consacre pas plus de son budget à la santé que la France, pays d'un niveau comparable, mais l'État, *via* Angela Meckel, a mieux su fixer un cap à tenir, tout en laissant les régions (Länders) gérer les évolutions locales. La Suisse et les pays du nord de l'Europe, hormis la Suède, qui ont également permis une certaine autonomie des régions, tout en respectant les décisions de l'État

1. Voir chapitre 2.

central, ont réussi à l'adapter régulièrement aux besoins et aux demandes.

Cela suppose un haut degré de confiance réciproque, avec une acceptation de ses responsabilités par chaque partie prenante, des chefs d'État jusqu'aux populations, et une grande souplesse décisionnelle. Des éléments qui ne se mettent pas facilement en place au moment de la crise, mais qui doivent se préparer lors des périodes de stabilité. C'est un point sur lequel la France a concentré une partie de ses difficultés, avec de nombreux intermédiaires et services, deux conseils scientifiques, une dizaine d'agences et organismes de santé chapeautant des agences régionales et des directions hospitalières, et une gestion « par le haut », incarnée par le président de la République, avec cependant trop de personnes prenant des décisions sans concertation. La coordination a été particulièrement difficile entre ces différents protagonistes, avec trop de cafouillages dans les prises de parole, malgré des décisions plutôt fonctionnelles. La confiance s'est perdue en chemin. La commission d'enquête parlementaire, lancée avec beaucoup de diligence avant les autres pays, ce qui est une bonne chose pour préparer les éventuelles suites de cette pandémie, s'attache trop au passé et aux problèmes techniques et sanitaires et trop peu à ces problématiques de communication, aux peurs ressenties et au mille-feuille administratif qui sont pourtant le premier vecteur de crise. A *contrario*, la France est aussi l'un des pays au monde qui a le plus aidé ses populations dès le début du confinement, particulièrement financièrement. Début juillet 2020, moins de 5 % des personnes actives avaient subi une perte de salaire.

Finalement… les humains !

Finalement, c'est au niveau des humains que tout se joue. Les crises majeures déjouant tous les systèmes et processus demandent des ajustements permanents et continus. Les décisions sont prises par des humains, conseillés par des humains, afin de faire agir des humains. Cela ne peut fonctionner que sous deux conditions :

– Que chaque intervenant accepte son niveau de responsabilité, et l'assume. Et cette responsabilité implique de comprendre que les actions locales ou individuelles sont devenues des actions au service d'une nation, voire d'un monde. Les masques qui ont monopolisé les débats dans le monde entier en sont le meilleur exemple. Au début, il n'y en avait pas. Mais plutôt que de le dire, les pays d'Europe dans leur ensemble ont déclaré qu'ils n'étaient pas utiles pour les citoyens, voire dangereux lorsque mal portés. Des restrictions de ventes ont été mises en place pour réserver les masques aux personnels soignants. C'est normal en raison de la pénurie, mais cela n'a pas été expliqué. Lorsqu'ils deviennent obligatoires durant l'été dans les rues de plusieurs villes d'Europe (et du monde), alors que du point de vue des citoyens la pandémie semble se résorber en Europe puisque le nombre d'hospitalisations et de décès diminue largement par rapport à la période de confinement, le message devient inaudible. Comment croire en ces nouvelles mesures alors que le port du masque n'était pas obligatoire durant le pic de mortalité ? Entre leur utilité bien réelle ou leur obligation à des fins politiques de coercition pour habituer les citoyens à l'obéissance, les idées sont nombreuses et les faits semblent parfois étayer les impressions de manipulation. Cela provoque des manifestations importantes en Allemagne, en Angleterre ou en Suisse pour exprimer le rejet de cette obligation. Les contradictions sont trop importantes pour apaiser ce débat. Le masque est par excellence un outil individuel qui protège les autres plus que soi-même. Il se place tout à fait au niveau de la question de la responsabilité personnelle. Suis-je prêt à renoncer à une part de ma liberté en faveur de l'ensemble ? Ou vais-je décider de considérer celles et ceux qui le portent comme des moutons asservis qui agissent sous le coup de la peur ? Malgré les études qui s'accumulent, dont celle exemplaire parue dans *Science Advance*, le 7 août, qui démontre par une technique au laser que les masques bloquent plus de 99 % des risques viraux, rien n'y fait. Les certitudes sont trop ancrées.

– Qu'un bon niveau de confiance existe entre tous les acteurs de la situation. Comme les modèles classiques ne sont plus valables, je n'ai plus que ce que l'on me demande ou m'ordonne comme base de référence. En tant que dirigeant, ai-je confiance dans mon peuple pour lui dire la vérité et savoir qu'il pourra l'accepter, même si des erreurs ont été commises ? Et en face, ai-je assez confiance dans la personne qui me demande de porter un masque ou non ? Un seul mode possible dès lors : cette confiance que l'on s'accorde réciproquement, qui ne peut être élevée sans une exemplarité sans faille. Les Anglo-Saxons parlent de « *role model* », qui n'a pas exactement d'équivalent en français, mais que tout le monde comprend. Et ce rôle n'est pas toujours simple à endosser. Au moment où les émotions des uns et des autres sont mises à rude épreuve, où le moindre mot peut faire basculer la perception et chaque décision impliquer tellement d'inconnues qu'elle ne pourra pas être parfaite, ces fonctions ne sont pas aisées, même pour les personnes élues qui ont fait le choix de l'être. Ces dirigeants sont aussi fatigués, un peu perdus, emplis de doutes et conduits par leurs émotions. Nous semblons pourtant penser, comme ils semblent penser, qu'ils doivent être parfaits et toujours savoir que faire avec certitude. Ce n'est tout simplement pas vrai. Et ce n'est pas grave. Une crise n'est pas le temps pour être parfait. C'est le temps pour agir, chacun à notre échelle, de notre mieux. Et de savoir l'admettre. Cela peut paraître surprenant, et contraire à l'idée du chef de guerre partant au combat la fleur au fusil, sans peur et sans reproche. Les crises le montrent sans hésitation : ce sont les personnes qui donnent les visions, savent les communiquer en touchant les émotions, tout en admettant être elles-mêmes touchées par la situation, fragilisées, perfectibles, mais en donnant tout ce qu'elles peuvent, qui créent le plus d'adhésion et d'engagement. Car nous sommes émotions. Et nous avons besoin de savoir que ceux qui nous guident le comprennent. Parce qu'ils le ressentent aussi.

Il faut donc éviter le syndrome du héros. Car c'est vrai : des crises naissent les héros. Et certaines personnes s'affublent de ce costume, désirant se servir de la situation pour se présenter en sauveurs. Mais les héros sont rarement ceux qui imaginent l'être. Ils en oublient l'humilité qui permet de montrer ses fragilités, d'accepter ses erreurs en les admettant pour les corriger. Et je crois que nous avons eu un peu trop de héros autoproclamés durant cette crise, qui ont eu beaucoup de mal à admettre s'être parfois trompés.

En relisant les déclarations des dirigeants européens durant la crise, à quelques pays près, il n'y a pas eu de grandes fautes d'appréciation et nombre d'erreurs ont été dues au manque de connaissances. Mais elles ont été perçues comme telles car il n'y a eu que peu d'explications sur les raisons des changements et peu aussi d'honnêteté pour expliquer certaines décisions. Rares finalement sont les décisions qui posent problème, mais plutôt la manière de les partager et de les expliquer.

De la « bonne » décision

Alors quelle est LA bonne décision face à une telle situation ? Celle que nous attendons, qui doit nous permettre de maîtriser l'histoire en cours. La question se pose souvent. Et la réalité n'est pas agréable à entendre : il n'y en a sans doute pas. Parce qu'il n'y a pas de modèle préétabli permettant de la prendre. Pire, la volonté d'utiliser une décision qui a fonctionné dans d'autres cas peut s'avérer totalement contreproductive, voire dangereuse. Le protocole en question a été mis en place pour une situation donnée et spécifique, qui n'est pas celle que nous vivons. Sinon, il suffirait de toujours appliquer la même décision et les mêmes fonctions pour que tout aille bien. Il faut donc admettre qu'il n'y a pas de décision parfaite, mais celle qui, en son âme et conscience, paraît la plus apte à atténuer les difficultés tout en respectant au mieux la dignité et les droits humains. Si je décide de tuer toutes les personnes qui pourraient tomber malades du virus, j'aurai un excellent résultat sur la pandémie avec très peu de contaminés. Mais je ne suis pas certain que l'on puisse considérer cela comme une bonne décision.

Il n'y a donc qu'une bonne décision : celle qui parvient à créer l'adhésion de l'ensemble. Imaginons que la crise est un énorme boulet pesant des millions de tonnes qu'il faut absolument déplacer, posé dans un univers entièrement obscur et sans connaître la morphologie du terrain alentour. Personne ne sait exactement vers où il faut tirer le boulet de la crise dans ces conditions. Mais ce qui est sûr, c'est qu'il ne se déplacera jamais en tirant chacun dans une direction différente. Il faut trouver les solutions et partager les décisions qui permettent à tout le monde d'avoir envie de tirer dans le même sens.

C'est pourquoi des crises peuvent naître de nouvelles idées afin de créer des synergies communes utiles au plus grand nombre. Ce qu'il faut mettre en place, et qui manquait préalablement, devient une évidence qu'il faut entériner une fois les événements terminés. Ces solutions doivent cependant être réévaluées profondément. La crise n'est en soi pas une bonne décideuse : les moyens utilisés ont été déployés dans l'urgence et sont empreints de bases émotives qui ne sont pas habituelles en période de stabilité. Vouloir les graver dans le marbre pour les appliquer tels quels s'avère généralement contreproductif à long terme.

Le fameux télétravail, qui est clairement l'une des « révélations » de la pandémie, en est un bon exemple. Il devra assurément être maintenu, et c'est une demande forte de nombreux salariés comme des défenseurs de l'environnement. Il doit pourtant être réévalué à l'aune de l'ensemble des avantages qu'il apporte – réduction des trajets et donc de la pollution, du stress, organisation plus souple pour certaines personnes… –, mais également des inconvénients, acceptables en temps de crise, mais pas au quotidien. Les impacts sociaux, avec la réduction des interactions physiques dont on connaît l'importance, les discussions informelles desquelles naissent beaucoup d'idées, le bien-être réel, et même la réduction du CO_2, très relative avec l'augmentation des besoins en serveurs informatiques, voire leur doublement. Car si quelques semaines dans sa chambre à coucher ou dans le salon à côté des enfants qui jouent sont acceptables, elles ne peuvent l'être à long terme sans un espace dédié, source de pollution et de coûts. Il faudra également apprécier la sécurité des données et la confidentialité des discussions, avec peu de systèmes européens sur ce marché. Chaque entité devra prendre le temps d'évaluer ces solutions non plus à l'aune d'un besoin immédiat, mais dans l'apaisement du retour à une période plus sereine pour en faire des outils adaptés à toutes les situations.

Lorsqu'une norme qui a permis de pallier un manque est correctement intégrée, et réévaluée dans sa globalité *a posteriori*, alors des décisions de crise peut naître l'extraordinaire. Les exemples ne manquent pas, comme la Charte de l'Atlantique entre les États-Unis et le Royaume-Uni en 1941 qui, en complément de la création de la Société des Nations après la guerre de 1914-1918, a permis la naissance de l'Organisation des Nations unies en 1945. En France, la même année naît la Sécurité sociale sous l'impulsion du général de Gaulle, face à la détresse de nombreuses victimes de la guerre, qui s'appuie sur le principe de solidarité, une des bases du Conseil national de la Résistance. De même que, à la suite du pic pandémique du sida, est votée la loi du 4 mars 2002 qui donne enfin des droits aux patients, dont l'accès à leur dossier médical et surtout l'obligation faite aux médecins de « rechercher le consentement des patients aux soins ». Cette crise de 2020 devrait accoucher de plusieurs réformes et manières de collaborer entre humains et entre pays. L'accord historique paraphé le 20 juillet 2020 entre les 27 partenaires de l'Union européenne sur un plan de relance commun de 750 milliards d'euros pourrait en faire partie. C'est la première fois que l'UE accepte ce type de solidarité commune puisque 390 milliards d'euros seront constitués de dons, remboursés conjointement par l'ensemble des pays membres. Peut-être les prémices d'une nouvelle Europe prenant enfin ses responsabilités d'union entre ses membres et apte à rééquilibrer les interactions vis-à-vis des deux superpuissances de plus en plus menaçantes pour la stabilité mondiale que sont les États-Unis et la Chine. Une Europe unie, capable de mettre les forces respectives de chaque pays au service du bien commun, serait une puissance considérable sur la scène internationale.

Et maintenant ?

Il est trop tôt pour faire un bilan définitif des événements et décisions de cette crise. Pourtant, les deux conséquences habituelles des changements profonds et brutaux éclosent déjà à tous les niveaux. Les chutes, parfois violentes, et les créations.

Malheureusement, la situation ne manque pas de chutes et encore moins de doutes. Au décompte des décès humains succède désormais celui des pertes morales. Les faillites s'égrènent autour du monde, des plus symboliques comme Hertz aux États-Unis, aux nombreuses petites entreprises qui disparaissent de n'avoir pas la trésorerie suffisante et dont on ne parlera jamais. Les sociétés de capital-risque estiment à plus de 30 % le pourcentage d'entreprises qui devraient vraisemblablement faire faillite dans les prochains dix-huit mois. Imaginez une rue commerçante, et enlevez-lui un tiers de ses magasins. Le résultat serait très choquant. Rien qu'en France, une hausse de plus de 900000 chômeurs supplémentaires est anticipée, et les fleurons de l'industrie, des services ou du luxe vont y être pour beaucoup. Tout le secteur de l'aérien (compagnies aériennes et constructeurs aéronautiques) s'est effondré. Les prévisions les plus optimistes l'imaginent revenir à la normale en 2024, quand d'autres espèrent le voir tout simplement disparaître. L'industrie en général est dans la tourmente. Malgré les appels à ne pas supprimer de postes, lorsque l'argent n'est plus là pour payer les salaires, les miracles ont rarement lieu. Le tourisme, dont certains pays dépendent pour près de 20 % de leur PIB, comme la Grèce, la Thaïlande ou le Mexique, ne peut reprendre et il faut compter sur les visiteurs nationaux pour en maintenir quelques bribes. L'Organisation mondiale du tourisme table sur une perte plus de 1 000 milliards de dollars pour 2020 et jusqu'à 120 millions d'emplois détruits pour ce secteur. Pour des pays comme le Bangladesh, dans lequel chaque touriste crée 9 emplois, le choc est violent, particulièrement pour tous les pays où aucune Sécurité sociale ou d'assurance chômage n'existe, soit plus de la moitié dans le monde. Ne pas travailler, c'est ne rien gagner avec tout ce que cela implique. Plusieurs pays ont d'ailleurs décidé de lever les règles de sécurité contre la Covid-19 pour laisser leurs citoyens travailler, comme le Mexique ou les Philippines avec toujours ce choix cornélien : accepter les décès par le virus pour réduire les risques de mortalité par d'autres causes, comme la faim. Comme toujours, la crise va affecter de manière disproportionnelle les personnes et les systèmes les plus fragiles. L'augmentation de l'extrême pauvreté et des récessions en 2020, et en 2021 sans doute, est inévitable. Et si certains pays ont mis en place des plans d'aide et de relance ambitieux permettant d'absorber en partie les pertes économiques, beaucoup n'ont pas pu ou voulu le faire sinon à des niveaux très faibles. Les chiffres donnent le tournis. La perte mondiale flirte avec les 12 000 milliards de dollars ; si nous remboursions 1 dollar chaque seconde, il faudrait 380 517 ans pour les rembourser. Les récessions en cours sont historiques. L'Union européenne est en recul de 12 %, les États-Unis de 33 % et certains pays semblent ne plus pouvoir le calculer. Ce ne sont que des chiffres bien entendu, fondés sur le PIB qui ne représente pas à lui seul la valeur d'un pays. Certains s'en réjouissent : enfin, la chute du capitalisme galopant est en cours. Mais ces montants incompréhensibles pour nos cerveaux prennent un autre sens si nous les transformons en humains. Cela représente la perte d'environ 500 millions d'emplois. Une augmentation de 100 millions de personnes souffrant de la famine. La mort prématurée de 30 à 50 millions d'enfants, de femmes et d'hommes. C'est pour limiter au mieux cela que nous luttons aujourd'hui. Mais à quel prix ? Plusieurs pays prennent des mesures qui représentent d'énormes retours en arrière dans les droits humains. Des États d'Inde ont suspendu le droit du travail et augmenté le nombre d'heures possibles par salarié à 72 heures par semaine, en retirant les rares protections sociales dont ne bénéficiaient que 10 % des travailleurs. D'autres pays commencent à prendre le même chemin.

Au-delà des aspects économiques impactant les humains, la déstabilisation politique, écologique et sociale dans plusieurs pays crée des ruptures profondes. Au Liban, la crise économique a fait vaciller les dernières digues de stabilité et le pays s'enfonce dans des troubles profonds. L'explosion terrible du port de Beyrouth figure comme un symbole de cette chute. Mais c'est en réalité tout le Moyen-Orient et l'Afrique qui sont les plus impactés par la crise économique. Il est tout simplement impossible, malgré les efforts conjoints des pays et des organismes mondiaux, de l'OCDE à l'ONU, d'anticiper les ondes de choc qui se propagent dans tous les domaines et ce, durant des années.

Ce que nous devons comprendre, c'est que cette pandémie, quand bien même elle n'est pas la plus mortelle connue – l'avenir le dira –, est celle qui affectera le plus notre histoire moderne, avec des conséquences qui vont durablement changer la face géopolitique du monde. Il se transforme à une vitesse rare en dehors des temps de guerre et plus encore dans les pays où ont lieu des élections nationales, perturbées par les restrictions sanitaires et les gestions locales. La tentation est grande de se servir de ces conditions à des fins inavouables. La Bolivie est en effervescence en raison d'un report des élections prétendument dû à des blocages routiers, et les États-Unis observent avec inquiétude les tweets de leur Président déclarant déjà que l'élection sera truquée en raison du vote massif par correspondance à cause des distanciations, alors qu'il a lui-même fait en sorte de bloquer le service postal. Les démocraties vacillent et plusieurs pays durcissent leurs lois. Au fil des mois qui passent, la Covid-19 représente de plus en plus un tournant politique dans le monde, dont certains événements peuvent clairement nous inquiéter.

En observant froidement les drames qui se multiplient, la situation semble apocalyptique. Elle s'ajoute aux problématiques déjà bien identifiées des changements climatiques et environnementaux. Un monde qui paraît proche de l'effondrement, dont l'avenir n'est plus garanti. Nombre d'observateurs et d'experts continuent de faire des prévisions et nous expliquent comment vont évoluer nos économies et les populations. Pourtant, il faut regarder la vérité en face. Qui peut dire avec précision comment sera le monde dans un an ? En pleine renaissance après une Covid-19 oubliée – disparue d'elle-même ou mieux, soignée – ou sortant difficilement d'une nouvelle vague, dans une version du type grippe espagnole, dix fois plus meurtrière ?

Peut-être faut-il admettre plus simplement que nous n'en savons pas grand-chose, sinon rien, excepté trois enseignements. D'abord, au vu de l'état de fragilité mentale et économique globale, nous aurions beaucoup de mal à surmonter une nouvelle crise de niveau 4 ou 5 si elle survenait dans un avenir proche. Une autre pandémie ou tout autre événement que l'on ne peut pas imaginer aujourd'hui. Même une réelle seconde vague serait difficile à supporter, surtout si elle est plus virulente que la première.

La deuxième leçon est que plus rien ne sera et ne devra être comme avant. C'est toujours vrai lors d'un changement profond, même si nous espérons toujours un peu que cela sera faux : nous devons accepter que l'après sera différent de l'avant. Il y aura des pertes. Des transformations. Et le monde ne sera plus tout à fait le même. Sera-t-il forcément moins bon ? Loin de là. Mais il est souvent perçu comme tel parce que différent. Et que le paradoxe humain veut qu'on espère le changement mais qu'on ne l'aime pas, au point parfois de désirer retrouver ce que nous avions « avant » même sans l'avoir particulièrement apprécié.

D'autant que nous sommes devant une équation à multiples inconnues et aux entrées infinies dont le calcul ne repose plus sur des prévisions, mais sur nos actions. Un travail énorme nous attend. Qui va demander de reconsidérer un grand nombre de nos principes de vie et de nos fonctionnements. Et beaucoup, beaucoup, de solidarité.

Mais une bonne nouvelle aussi : notre destin est plus que jamais entre nos mains. Ce nouveau monde, notre avenir, est ce que nous en ferons aujourd'hui. Nous ne devons pas attendre un instant. Et nombreux sont ceux qui y œuvrent déjà.

7. Des initiatives à tous les étages

Nous en parlons moins, parce que selon certains responsables des médias, c'est « moins vendeur ». Cela ne fait pas peur, et actionne donc moins les leviers d'achat. Peut-être d'ailleurs est-ce une première piste pour notre futur : imposer aux médias qu'un certain nombre de journaux et d'émissions soient obligatoirement consacrés à des faits et des initiatives positives, y compris dans une période de crise comme celle que nous connaissons actuellement. Non pas pour jouer les gourous d'un positivisme simpliste alors que les problèmes à résoudre sont nombreux, mais parce qu'à force de n'entendre que des faits négatifs, qui ne créent pas et ne portent pas d'espoir, notre cerveau finit par envoyer un signal difficile à récuser : avec tout ce qui ne va pas, il semble impossible de changer les choses.

Pourtant, c'est bien l'autre volet de la crise, qui constitue le socle de notre futur : l'inventivité créatrice. Le foisonnement d'idées nées parfois d'acteurs peu identifiés sur un secteur, là où nous les attendons le moins. Les « *makers* » indépendants, les « fab lab », les inventeurs et inventrices de tous domaines se sont mis au travail comme rarement. Non qu'ils ne fassent rien d'habitude. Mais les enjeux leur ont permis de mieux comprendre la nécessité très concrète des besoins et les ont motivés plus que jamais.

Ces initiatives sont parfois des solutions très ciblées et directement utiles à la situation de crise, en offrant des moyens immédiatement utilisables. L'une des plus connues est la transformation de masques d'apnée loisir de l'enseigne Décathlon en respirateurs de fortune pour faire face à la pénurie dans les hôpitaux. Un bel exemple de collaboration à tous les niveaux. C'est un ancien médecin chef hospitalier, le Dr Renato Favero qui a proposé l'idée à l'institut indépendant italien, Isinnova, spécialiste des intégrations complexes. Ils ont perfectionné le principe, en initiant une collaboration avec Décathlon qui a mis sans hésiter des masques et ses équipes de développeurs à disposition. Un « fab lab » spécialisé en impression 3D s'est chargé de fabriquer les premières pièces. Le tout a été mis en *open source* en ligne avec des tutoriels très précis en plusieurs langues afin que tous les « fab lab » du monde, et même des particuliers possédant une imprimante 3D, puissent les réaliser à leur tour. Ces masques de fortune, que plusieurs hôpitaux en Europe ont utilisés, ne peuvent prendre en charge les cas les plus graves, mais ils permettent de mieux oxygéner les patients moins atteints sans les intuber, ce qui les soulage énormément. Cette collaboration rassemblant une multinationale, des créateurs, des « fab lab » et des particuliers au service d'un besoin est exemplaire dans sa réalisation. Elle nous dit une chose aussi belle que simple. Il suffit que, quelque part, une personne ait une bonne idée et qu'une telle chaîne se mette en place pour créer des tas de solutions peu onéreuses et immédiatement utiles. Et avec les moyens de communication actuels, cela peut être partout.

Cette solidarité s'est développée à tous les niveaux, que ce soit entre voisins, dans les quartiers, par le biais d'associations, souvent de manière discrète, mais efficace. Combien de personnes ou de petites entreprises ont spontanément fabriqué des masques en tissu pour aider leurs proches et au-delà ? Offert leurs services pour soutenir les plus démunis, avec des sites Internet qui proposaient des partages de temps ou des soutiens comme « confinés engagés » ou le « collectif solidaire », créés pour l'occasion, qui ont distribué 110000 repas aux personnels soignants pendant le confinement. C'était aussi parfois une simple note manuscrite, scotchée en bas d'un immeuble, avec un numéro de téléphone et une seule ligne « Si vous avez besoin d'aide, appelez-moi ».

Beaucoup d'entreprises ont aussi fait preuve d'une réactivité inventive et efficace. D'abord, pour se réorganiser en très peu de temps. Je n'ai jamais vu autant d'entreprises transformer leur modèle de fonctionnement et de collaboration aussi rapidement. En quelques jours, beaucoup se sont mises au télétravail et les équipes ont dû développer des compétences complètement nouvelles, qu'elles n'ont cessé d'améliorer au fil du temps. Les enseignants ont dû faire de même alors qu'aucun équipement n'était prévu pour cela. Des organisations ont aussi su très rapidement s'adapter à la situation, pour sécuriser la pérennité de leurs équipes. Ethiopian Airlines a réussi, contrairement à toutes les grandes compagnies, à ne pas annoncer de plan de licenciement, en comprenant que si les vols de passagers allaient s'effondrer, les besoins en marchandises d'urgence allaient exploser : mal placée sur ce marché avec seulement 12 avions-cargos, elle n'a pas hésité à déboulonner les sièges de ses avions de ligne pour les transformer en cargos provisoires. WiziShop a mis gracieusement à disposition des commerçants contraints de fermer leurs portes des boutiques en ligne pour préserver *a minima* leur activité. Les administrations ont aussi su se renouveler avec, par exemple, le dressage de chiens renifleurs pour repérer les malades de la Covid-19 grâce à leurs 330 millions de capteurs olfactifs offrant un odorat 50 fois supérieur à celui des humains, au Chili ou au Royaume-Uni.

Les collaborations médicales et les recherches cliniques qui se sont inscrites dans la vitesse et l'ampleur font aussi partie de ces réseaux de réactivité, bien qu'à une échelle différente. Car à côté du débat sur l'hydroxychloroquine ou de l'incurie de certaines études publiées trop rapidement, la quantité de recherches initiées est impressionnante. Alors qu'il faut souvent des mois pour les mettre en place, des centaines ont été lancées en quelques jours à travers le monde. Le partage d'informations sur le virus a été rapide et efficient au point que plusieurs laboratoires ont pu développer des essais cliniques de vaccins dès l'été. Une équipe d'Oxford a commencé à tester l'innocuité d'un produit dès avril sur 4000 Britanniques avant de lancer ces mêmes essais en juin, prévus sur 40000 personnes dans le monde, au Brésil, aux Philippines et, pour la toute première fois, en Afrique du Sud, alors que le consortium Moderna annonce entrer dans sa phase finale dès la fin juillet avec des études cliniques prévues sur 30000 personnes dans différents pays. Cette course au vaccin paraît rapide, trop peut-être pour un produit aussi sensible. Elle n'est pas totalement nouvelle cependant, déjà utilisée pour développer l'Ervebo contre Ebola (type Zaïre), avec un délai d'an seulement jusqu'à l'essai clinique de phase 3 en Guinée. Sur les près de deux cents projets initiés, peu iront au bout et il faudra sans doute freiner un peu les ardeurs et s'assurer, en respectant les règles éthiques, que ces vaccins ne provoquent pas plus d'effets secondaires qu'ils ne soignent la Covid-19[1]. Plus encore pour les vaccins ciblant de nouvelles méthodes à partir d'ARN messagers, qui impactent directement la génétique, ce qui doit imposer beaucoup de prudence avant la mise sur le marché au vu des conséquences que cela peut avoir. Cette créativité collaborative scientifique – bien qu'intéressée au niveau des laboratoires – est exceptionnelle à un tel niveau de performance. Elle ne remet pas en cause la possibilité d'utiliser des médicaments, et peut-être même qu'aucun de ces vaccins ne sera efficace ni nécessaire, si, comme quelques épidémiologistes le prédisent, la maladie s'estompera d'elle-même. Mais les liens et partenariats ont permis à des scientifiques de se rencontrer, de travailler ensemble, et certaines équipes continueront de le faire.

1. Dans un communiqué commun, le 8 septembre, les patrons de neuf laboratoires se sont cependant prononcés eux-mêmes contre une autorisation précipitée d'un vaccin, à la suite des pressions politiques énormes auxquelles ils font face.

D'autres initiatives en matière de santé publique paraissent plus conjoncturelles, sans pour autant pouvoir les rejeter d'un bloc à l'instar de la boisson, Covid-Organics, défendue par Andry Rajoelina, président de la République de Madagascar, à base d'*artemisia annua*, inventée sur l'île Rouge pour « soigner » naturellement le SARS-CoV-2, suscite plus de doutes que de réalité médicalement attestée. Pour autant, difficile de repousser d'un revers de la main la volonté de proposer une solution tout en mettant une des îles les plus pauvres du monde sur le devant de la scène, ne serait-ce que pour quelques jours. L'OMS n'a pas approuvé le Covid-Organics, mais n'est pas fermée à des tests cliniques, ce qui est déjà une certaine victoire. Il est après tout impossible d'affirmer avec certitude l'inefficacité de la boisson à base d'une plante médicinale déjà bien connue de la pharmacopée chinoise. C'est en tout cas bien plus inoffensif que la bile d'ours[1]. D'autres ont tenté des approches plus farfelues comme le ministre de l'Agriculture d'Indonésie, Syahrul Yasin Limpo, qui faisait la promotion d'un collier en eucalyptus pour se prémunir de la Covid-19. Et inutile de reparler des injections de Javel…

---

1. Voir le chapitre 3.

Ces quelques idées parfois loufoques ne représentent pas la grande majorité des travaux pour aider à la bonne prise en charge des conditions de crise dans le monde entier.

Des initiatives pour le futur

Le plus intéressant réside dans toutes les initiatives personnelles ou entrepreneuriales qui pourront perdurer et participer à la construction de notre futur. Il s'agit, dans un grand nombre de cas, d'éléments ou d'organismes préexistant à la pandémie, qui ont dû accélérer leur développement. Les initiatives en faveur du vélo ont bénéficié d'un coup d'accélérateur de choix. Non seulement la distanciation sociale est la première des prophylaxies face au virus, mais le contexte environnemental inquiétant nous oblige à de nouvelles modalités de déplacement. Beaucoup de villes et de collectivités ont choisi de faciliter la pratique du cyclisme en développant les infrastructures, les pistes cyclables, et les aides facilitant l'achat d'un vélo, de Bogota (Colombie) à Philadelphie (États-Unis) en passant par Mexico, Séville et bien d'autres. La France n'est pas en reste dans plusieurs villes et villages, dont Paris, et la Fabrique des mobilités, association créée en 2018, trouve un nouvel essor pour faire émerger une culture commune de l'innovation en matière de mobilité douce. Une mobilité douce et locale qui ne nous affranchit pas pour autant de la mondialisation puisque, à ce jour, 100 % des vélos électriques intègrent des composants chinois et des matières premières de plusieurs pays d'Asie ou d'Amérique du Sud.

Nombre d'innovations existent également en matière sociétale et de redéfinitions de nos fonctionnements entrepreneuriaux. Une meilleure collaboration et des relations apaisées entre les humains étant une base importante pour envisager une coconstruction du futur, elles ne sont pas à négliger en matière d'innovation. Pour avoir accompagné plusieurs entreprises durant cette crise, je suis impressionné par toutes les initiatives testées pour créer de la cohésion et du lien dans ce contexte. The Great Village fait partie de ce mouvement, à une échelle transverse entre individus et organisations. Leur but relativement simple est de connecter des rêves altruistes en entreprises percutantes *via* une communauté d'entraide internationale. Cela prend en ces temps troublés tout son sens, et l'explosion des demandes actuelles de mises en relation en est une démonstration éclatante. Un phénomène de principe communautaire qui se déploie partout en France, mais aussi dans le monde, avec des communautés qui se créent aussi bien en Éthiopie, à l'image du village de

Awra Amba où tous les habitants sont égaux entre eux et qui fait des émules, qu'en Amérique centrale ou du Sud.

Aucune naïveté dans ces processus communautaires et égalitaires, mais une vision de mise en commun des compétences et de communions d'idées qui offrent une dimension nouvelle en utilisant les outils modernes de communication au profit de l'humanité. Une voie très claire pour un avenir plus solidaire.

Plus étonnant, la haute finance semble enfin prendre conscience du rôle qu'elle peut jouer dans les régulations environnementales. BlackRock, le plus grand gestionnaire d'actifs avec ses 6800 milliards de dollars en portefeuille, a rejoint en janvier le groupe d'investisseurs Climate Action 100 +, dont le but est de « garantir que les plus grandes entreprises émettrices de gaz à effet de serre au monde prennent les mesures nécessaires pour lutter contre le changement climatique ». Un engagement renouvelé au printemps. Peu de doute que l'objectif de ce poids lourd jusqu'ici très peu préoccupé par les problèmes environnementaux ou sociaux soit de se donner une meilleure image. Cependant, le regard du Climate Action 100 + sur ses investissements ne peut être qu'un plus qui annonce surtout un changement de vision : il sera de moins en moins acceptable pour les grands groupes de balayer d'un revers de main les problèmes environnementaux. L'économie et la finance devront devenir des clés de la transition au vu de ce qu'elles représentent dans le monde et ces initiatives, comme celle d'AXA en France qui lance des Green Bonds, sont le signe d'une évolution intéressante. Nous sommes encore loin du compte, mais le symbole est fort. Si BlackRock prend une telle décision, c'est que le regard du monde accepte de moins en moins les entreprises polluantes, et ce sont les actions citoyennes qui créent cette demande. Le poids sociétal montre ici le rôle qu'il peut jouer et c'est une bonne nouvelle.

Être résilient n'est plus suffisant

Tout cela ne peut en rester là, se contenter du principe de résilience qui paraît souvent comme suffisant. Ce mot est partout, et, lors d'un événement aussi critique que celui que nous vivons, il est presque de toutes les conversations. Loin de moi l'idée de rejeter ce terme en bloc, qui a fait tant de bien pour les patients souffrant de traumas lors de sa popularisation par les Anglo-Saxons Norman Garmezy et Michael Rutter qui travaillaient avec les adolescents, et plus proche de nous par Boris Cyrulnik. Cette idée qu'un individu, à partir de ses potentiels de résistance et de rétablissement, peut trouver à la suite d'une situation traumatique des réponses qui lui permettent de se reconstruire. Mais ce concept individuel appliqué à un groupe ou une entreprise est plus limité sinon délétère.

Dans ces cas, c'est plus sa définition industrielle qui est conceptualisée, avec l'idée d'un « retour à l'état initial à la suite d'une contrainte ». Face à une crise, cela équivaut à la capacité d'y faire face, d'y résister et de trouver de nouvelles modalités de fonctionnement jusqu'à un retour à la « normale ». Un retour à l'équilibre, à la stabilité, sous-entendu souvent « comme avant ». *Business as usual* comme on dit. C'est déjà beaucoup assurément. Cependant bien trop limité, voire dangereux, à notre époque. Nous ne pouvons plus nous satisfaire de cette dimension unique. Face à une crise, nous devons bien entendu mettre en œuvre les conditions nécessaires pour assainir au plus vite nos organisations, et retrouver un niveau suffisant de stabilité. Mais il faut aussi, et sans attendre, transformer les organisations pour les mettre en conformité avec les demandes du futur en matière de protection, d'atténuation et de résistance à ses trois risques systémiques entrecroisés – environnement, surpopulation et nouvelles technologies – dont le virus n'est qu'une alerte.

Nous devons passer du stade de la résilience à celui de l'adaptation, qui implique une démarche complémentaire : imaginer et projeter l'avenir à l'image de ce dont nous avons besoin pour qu'il existe d'une part, pour la planète et nous, et qu'il soit pérenne d'autre part. Cette démarche doit nous imposer d'évaluer les changements au sein de notre organisation pour anticiper et influencer le futur. Un changement de paradigme important. Cela veut dire avoir le courage, même dans notre contexte extrêmement difficile, de profiter de la situation pour mettre en œuvre des changements structurels : prendre des décisions qui limitent les impacts écologiques et les inégalités, vecteurs de nombreux risques de nouvelles crises. Le repos de la sortie de crise, lorsqu'il sera là, ne doit pas être celui de la satisfaction béate d'avoir su y résister. Il doit être celui de la transformation, pas seulement pour savoir mieux réagir aux futures crises, mais pour les éviter par des actions concrètes d'influence qui doivent limiter nos impacts.

C'est le principe de l'adaptation qui doit devenir aujourd'hui la nouvelle norme de gouvernance, en établissant des règles le permettant. Je suis sûr que ce sont les entreprises qui entameront ce processus qui seront encore présentes et solides dans une décennie, quelle que soit leur taille.

8. Tout changer ?

Nous voici donc face à notre réalité intangible : l'avenir. Il est déjà là, juste devant nous. Pas moyen de faire une pause en se disant qu'il pourra attendre un peu. Notre marche dans sa direction n'est pas stoppée, elle a seulement subi un contretemps. Un craquement inattendu qui s'impose comme un besoin : nous devons changer. Qui doute de cela ?

Nous avons longtemps peiné. Tergiversé. Déjà, les années 1970 chantaient la trop forte bétonisation par la bouche de Maxime Leforestier, *Comme un arbre dans la ville*, la cause animale s'invitait dans les BD de Franquin (1957), la déforestation sous la plume de Jean Dorst (1965), la nourriture bio sans produit chimique dans les magazines TV avec Louis de Funès comme chantre (1972) ou le réchauffement et l'urgence de protéger les eaux dans les discours de René Dumont (1974). Nous chantons toujours, mais certains pensent que cela ne durera plus très longtemps. Nous sommes pourtant toutes et tous conscients du problème. 95 % des répondants à l'enquête COVADAPT déclarent vouloir que les choses changent, que l'environnement soit mieux préservé et que le futur ne soit pas identique au passé. Un score très encourageant, qui indique également que les citoyens ont bien compris que l'origine du SARS-CoV-2 était un problème d'écologie, en englobant tout ce qui nous entoure, de notre mode de vie à notre manière de consommer, de nous nourrir plus sainement. Cependant, pour plus de 50 % d'entre eux, ils n'ont pas besoin de changer eux-mêmes, car ils font déjà les choses correctement. Ce sont « les autres » qui doivent évoluer selon plus de 86 % des répondants. Cette dichotomie cognitive est bien connue. Nous avons souvent tendance à surestimer nos actions (ou au contraire à totalement les sous-estimer), tout en évaluant celles des autres plutôt négativement. Cela fait que, à l'heure actuelle, seules 26 % des personnes ont concrètement commencé à mettre en action des changements, que ce soit dans leur propre vie, en entreprise ou au profit du bien commun. Il est probable qu'une fois la situation apaisée, d'autres entameront cette évolution. Mais il faut bien admettre ceci : nous n'avons pas encore trouvé la clé qui permettra les changements de paradigme que l'humain doit effectuer pour interagir différemment avec son environnement et son futur. Nous pensons parfois que nous le faisons. Mais le faible nombre de personnes ayant modifié leur comportement, malgré les urgences maintes fois répétées ces cinquante dernières années, nous prouve le contraire.

Car il faut l'admettre, ce n'est pas facile. Nous estimons souvent que nous ne pouvons pas faire grand-chose tant l'ampleur de la tâche paraît énorme et démesurée pour une personne seule. Alors, parce que les autres n'agissent pas, nous attendons aussi. Ce n'est pas faux. Il est difficile de changer son mode de vie, si peu impactant à l'échelle mondiale, quand personne d'autre ne fait d'efforts ! C'est injuste, anormal, voire inutile. Sans compter que, si je commence à agir, que je trie mes déchets par exemple, il y aura toujours quelqu'un pour me dire : « Ah, tu tries tes déchets, mais tu as pris l'avion, alors ça ne sert à rien ». Cela semble parfois tourner en rond. Je ne changerai pas tant que mon voisin ou mon entreprise, qui polluent plus que moi, ne changeront pas. L'entreprise ne change pas, car les autres entreprises ne changent pas. Les autres entreprises ne changent pas, car l'État ne change pas. Qui lui ne fait rien, car l'Europe ne fait rien. Qui ne peut rien tant que les autres nations et surtout les deux plus gros pollueurs, Chine et États-Unis, ne changent pas. Qui ne changent pas, car il n'y a pas de demandes en ce sens de leurs citoyens. Et lorsque les citoyens s'engagent, on leur assène qu'ils n'en font pas assez. Une spirale de l'échec.

Il y a toujours de bonnes raisons de ne pas agir. Elles sont compréhensibles sur la forme, mais peu justifiables sur le fond. Nous pouvons critiquer nos gouvernements en estimant qu'ils n'en font pas assez, qu'ils ne sont pas prêts socialement et écologiquement. Et c'est vrai. Mais le leur demandons-nous vraiment ? Des centaines de milliers de personnes dans la rue pour défendre nos retraites ; des semaines de grève à la SNCF pour forcer l'État à préserver le régime spécial des cheminots ; 900 000 personnes ont manifesté pour protester contre le mariage pour tous qui offrait un nouveau droit sans rien enlever à personne ; l'émouvante marche à la suite des attentats de *Charlie Hebdo* réunissant plus de deux millions de personnes dans plusieurs villes pour affirmer notre solidarité et défendre notre mode de vie libre. Autant de luttes qui touchent à notre intégrité en tant que personne. En oubliant parfois le reste du monde. Combien lors des marches pour le climat ? Quelques dizaines de milliers. Qui au moins ont eu lieu cela dit, depuis 2018, ce qui est nouveau et remarquable. Combien de grèves générales pour que les droits des femmes soient respectés ? Et combien pour réclamer des mesures fermes en matière d'environnement ? Aucune. Nous nous déresponsabilisons de ces besoins, car ils nous paraissent trop imposants et trop lointains, en estimant que seuls les gouvernements et les grandes entreprises peuvent agir. Nous oublions dans l'équation que nous sommes les consommateurs, donc les prescripteurs finaux de l'ensemble. Nous savons surtout que nous allons devoir changer et que cela va, en partie, transformer et sans doute réduire notre niveau de vie. C'est une décision difficile.

Nous sommes prêts à presque tout pour sauver nos besoins et ce qui touche à une vie humaine, les décisions sanitaires prises lors de cette pandémie l'ont montré sans ambiguïté. C'est normal. Il ne faut pas considérer ces principes comme négligeables. Mais le défi que nous devons relever se pose en une équation simple mais aux ramifications d'une immense complexité : nous devons réduire nos impacts sur l'environnement pour atténuer le changement climatique, supprimer les pollutions et réduire ainsi les risques de pandémie, mais aussi agir contre les inégalités sociales profondes qui se sont aggravées à tous les niveaux sur la planète. Deux notions qui semblent antagonistes et pourtant intrinsèquement liées puisque les agressions sur l'environnement provoquent des maladies graves aux humains et accroissent les inégalités et la famine. Des problèmes issus, entre autres, d'un aveuglement de distanciation : ce que je ne vois pas n'a pas d'impact. Fabriquer un produit en Asie ne réduit pas son impact, bien au contraire, mais sa pollution est trop lointaine pour que nous en prenions véritablement conscience. Qui se préoccupait du virus tant qu'il n'était qu'en Chine ? Le lointain nous rattrape pourtant toujours !

La question n'est pas tant de savoir s'il faut changer, mais comment le faire, à quelle échelle et à quel prix. Je ne parle pas seulement d'un coût financier, mais des conditions que cela implique pour moi et mes proches. On a beau en savoir la nécessité, renoncer à quelque chose est difficile à accepter. C'est humain. C'est en partie pour cela que nous attendons souvent les crises pour agir : elles ne nous laissent plus le choix. Nous avons tendance à fonctionner de cette manière depuis… sans doute depuis toujours. Combien de décisions permettant la transformation de nos actions et en faveur de la protection de l'environnement sont prises préalablement à la survenance d'un drame ? Les exemples existent, mais ils sont peu nombreux.

Au moment de devoir se transformer, la question se pose donc toujours : à quoi suis-je prêt à renoncer ? Si la réponse est : « à rien », alors il n'y a aucun moyen de changer, car il y a toujours un coût à la transformation, aussi faible soit-il. Dans ce cas, je ne peux qu'attendre la prochaine crise qui me l'imposera, et me donnera l'impression que je n'y suis pour rien. Mieux. Que ce n'est pas ma responsabilité. La crise m'est imposée et son ampleur dépasse mon niveau de compétence. J'aurai même droit à la colère de ce qu'elle m'aura enlevé. Si en revanche, la réponse est : « Je peux accepter de perdre ceci ou cela. Et en contrepartie je construirai ceci ou cela... » C'est le début de cette transformation par le haut qui génère une évolution mentale tout en réduisant les crises futures. Mais nous devons savoir évaluer ces pertes à leurs justes valeurs. Car, quel que soit notre courage, elles ne sont jamais faciles à accepter. Cela est vrai pour un individu comme pour une nation.

Nous savons qu'attendre ne donnera aucun résultat et imposera des pertes violentes. Alors, autant agir de nous-mêmes, aujourd'hui.

Les crises comme solutions ?

On pourrait donc presque se réjouir de cette crise dans la prise de conscience qu'elle représente. Mais si les crises permettent de prendre les décisions difficiles, elles n'en sont pas pour autant bonnes conseillères : elles aveuglent sur un besoin spécifique plutôt qu'un ensemble, autant qu'elles entraînent la destruction. Les conséquences de celle-ci vont être terrifiantes, nous le savons. On peut l'accepter. Considérer que l'espoir des changements qu'elle va provoquer vaut les quelques millions de vies perdues et les déchéances sociales à long terme. A-t-elle seulement été assez longue pour accoucher de ruptures suffisamment importantes pour que nous atteignions les objectifs nécessaires et contenions les agressions environnementales ? Il ne semble pas. À ce jeu, il faudra toujours de nouveaux drames. Je me refuse donc de considérer que la crise est un bon moyen de transformer. Nous devons explorer d'autres solutions qui évitent ces pics violents pour faire évoluer nos sociétés en profondeur sur l'ensemble des périmètres écologiques, économiques et sociaux, qui sont intimement liés.

Je ne connais pas les solutions idéales, les moyens technologiques les plus adaptés et tous les éléments en jeu pour parvenir à ces objectifs, mais je sais que cinq ingrédients sont des préalables indispensables pour y parvenir. Le temps, l'engagement, la compréhension des moyens et le plus fondamental, sans lequel aucun autre ne peut exister, l'éducation.

Accepter le temps

Il faut aller vite. Au vu de la rapidité des changements, le temps est compté pour infléchir les courbes. On parlait de dix ans. Maintenant de deux. Nous n'aurions plus que deux ans pour tout changer si nous voulons avoir le moindre espoir de sauver le futur. C'est peu. Peut-être aussi anxiogène que le risque en soi. Deux ans. Même avec la meilleure des volontés, même si tout le monde s'y mettait, y parviendrions-nous ? Je n'aime pas ces chiffres. Avoir un délai est important et nécessaire pour faire prendre conscience des besoins. Mais un délai impossible est destructeur pour le cerveau. Au moment où celui-ci comprend l'invraisemblable, il se décourage. C'est ce qui se passe. Si nous n'avons que deux ans, et que deux ans ne sont pas possibles… Alors il n'y a plus d'espoir… Pourquoi me battre ? Pourquoi faire des sacrifices ? Autant profiter jusqu'au bout de ce que j'ai ou m'isoler au fond d'une vallée perdue pour préparer ma résilience post-effondrement. Je reçois de plus en plus de messages de personnes qui ont fondamentalement cessé d'y croire et choisissent la première (les plus fréquents) ou la seconde option. C'est vrai, les chiffres ne sont pas encourageants. Alors que je termine ce livre, une amie passionnée par les ours polaires me disait qu'il faudrait bientôt les abattre pour leur éviter la souffrance de ne plus trouver de nourriture vu la raréfaction de plus en plus rapide de la banquise au pôle Nord. Je l'ai prise dans mes bras – bravo la distanciation sociale – en lui soufflant que la seule chose à faire pour eux était justement de ne pas baisser les bras. Je ne connais pas l'avenir, mais je sais que le pessimisme ne le construit pas. Que l'abandon ne lui donne aucune chance. Nous ne transformerons pas le monde en deux ans, c'est vrai, à moins d'accepter d'autres drames terribles. À l'impossible nul n'est tenu. Allez, donnez-moi au moins six mois de plus !

Changer en profondeur ne se fait que par deux biais. Les crises et le temps. La première a l'avantage de la certitude. Les choses vont changer. Mais aucun moyen n'existe pour en maîtriser les effets collatéraux à long terme. Faut-il par exemple profiter de la pandémie qui a cloué l'aviation au sol pour supprimer définitivement ce moyen de transport responsable de 2,8 % des émissions polluantes mondiales ? Plusieurs demandes ont été formulées en ce sens. Les centaines de milliers d'emplois supprimés du jour au lendemain provoqueraient des séismes peu imaginables. Nous ne pouvons pas transformer l'ensemble des employés du secteur aérien en agriculteurs responsables du jour au lendemain. Ce n'est pas vrai, et le faire croire ne permet pas de faire avancer les choses. D'autant plus que, en soi, les taux d'émission carbone mondiaux ne baisseront en 2020 que dans une fourchette de 4 à 7 %. C'est déjà une très bonne chose. Mais alors qu'aucun avion ne volait, que si peu de voitures circulaient, que tant d'industries étaient à l'arrêt, et que le transport maritime avait également chuté, cette baisse eut dû être bien plus massive. L'un des plus gros émetteurs mondiaux de pollution est devenu Internet, le cloud et les data centers, dont on ne parle pas assez. D'autant plus que la moitié des éléments stockés se révèlent être le contenu des « poubelles » des ordinateurs, ou des documents obsolètes. Cet impact numérique, invisible à nos yeux, est majeur et aisé à réduire. Je suis assez surpris de voir que dans nombre de comparatifs sur les impacts citoyens, le numérique soit si peu cité alors que sa place est devenue prépondérante. Le téléchargement de vidéos porno et de chatons attendrissants qui jouent avec tout et n'importe quoi représentent l'équivalent de l'ensemble des vols aériens en période normale de fonctionnement. Interdisons les chats (et la pornographie, mais cela ne fait pas débat). Sans parler du reste, puisque nous ne faisons pas que cela sur Internet, heureusement. La problématique est bien plus globale que la volonté de supprimer un secteur. Les solutions simplistes ne fonctionnent pas et elles m'inquiètent même. Car elles en deviennent l'arbre qui cache la forêt. À trop focaliser sur un problème, bien que réel, nous perdons de vue tous les autres, parfois pires. Nous devons voir la globalité des apports et déficits pour ajuster au mieux les possibilités. Qu'est-ce qu'a permis l'aviation au-delà d'un tourisme de masse en centres aérés *all inclusive* ? Sans doute une partie des quelques décennies de stabilité que nous avons vécues. Parce que pour la première fois de l'histoire, nous avons pu nous rencontrer. Ne plus être limité à « on dit que », mais aller voir par nous-mêmes les autres vies, les autres cultures. Des peuples qui ne se comprenaient pas se sont croisés, observés et ont pu se parler. Soudain, l'information ne venait plus de quelques intermédiaires, mais d'une multitude de partages. Et ce n'est pas rien. En 2018, 1,2 milliard de personnes ont pris au moins une fois l'avion. C'est sans doute trop. Mais ce n'était pas toutes pour des vacances au soleil. Le pire aujourd'hui serait le repli sur nous-mêmes, à l'heure où seule une collaboration solidaire mondiale pourra résoudre les grands problèmes. Les positions antagonistes américaines et iraniennes, à nouveau exacerbées en août, prennent un autre sens après avoir été en Iran et aux États-Unis, et j'entends beaucoup de monde juger le Rwanda sans pour autant s'y être un jour rendu. Les questions se posent différemment une fois que l'on a rencontré les populations, connu les pays. C'est nécessaire. Les visioconférences et les réseaux apportent aujourd'hui une part de cela, mais cela ne remplacera jamais la rencontre physique. Ce qui ne veut bien entendu pas dire qu'il ne faut rien toucher des systèmes polluants, dont les secteurs maritimes et aériens. Les vols intérieurs remplaçables par des solutions moins polluantes, la taxe sur le kérosène, la réduction des trajets exclusivement de loisir au profit de voyages plus responsables, la recherche de nouvelles propulsions et bien d'autres solutions sont à mettre en œuvre. À commencer par les compensations qui doivent être clairement définies pour les entreprises soutenues par les États. Faut-il exiger des efforts de la part des compagnies déjà en difficulté lorsqu'elles sont aidées ? Oui, sans hésiter. Car sans effort de transformation aujourd'hui, ces aides, à moyen terme, ne serviront à rien. Ce n'est pas seulement remplacer un système par un autre, une voiture électrique à la place d'une thermique, dont nous avons besoin, mais de penser différemment nos sociétés et nos rapports au vivant.

Cela demande un peu de temps. D'abord pour comprendre l'ensemble des réalités d'un problème, ses apports, ses coûts et ses pertes, afin d'agir avec logique pour que les solutions d'aujourd'hui ne détruisent pas à nouveau demain. Les baleines ont été sauvées par le pétrole, car l'huile utilisée pour illuminer les villes et chauffer certaines maisons était à base de graisse des cétacés. Tâchons que nos solutions énergétiques d'aujourd'hui ne soient pas le pétrole d'hier. Aucune solution simpliste ne résoudra les problèmes systémiques du futur.

Il faut accepter le temps. Même si cela alimente les carnets des humoristes et fait la joie des imprimeurs de T-shirts « cultes », je suis plutôt d'accord avec le conseiller fédéral suisse Alain Berset lorsqu'il disait, au moment d'organiser la sortie du confinement : « Il faut agir aussi vite que possible, mais aussi lentement que nécessaire ». Vite et tout de suite, car chaque minute compte. Mais en prenant le temps d'évaluer chaque solution à l'aune de ses risques et externalité à long terme.

L'autre temps que nous devons considérer, c'est celui de l'action. Si réfléchir est le préalable, s'engager est la clé de voûte.

L'engagement

La meilleure des alternatives ne sert à rien si elle n'est pas utilisée, et si l'on ne s'engage pas pour sa mise en œuvre. Il faut donc créer des solutions pour susciter l'engagement. Et là encore, c'est une question de temps. Celui que l'on prend pour le consacrer au besoin. Des périodes qui ne doivent être utilisées que pour cela : penser à des solutions, à ce que je veux et peux faire à mon échelle et le temps réel que je prendrai pour les développer. C'est notre responsabilité individuelle. Nous disposons de plusieurs moyens pour être acteurs de ces évolutions. Le réalisme oblige à une prise en compte des faits en fonction des ressources humaines à disposition. Dans le cadre d'économies stagnantes ou en récession se crée un fossé entre les personnes qui ont les moyens d'agir sur leurs propres ressources et celles qui se considèrent comme exclues, pour qui l'achat de biens est une manière de se considérer comme partie prenante de la société. Imposer des changements rapides et drastiques, quand bien même nécessaires, ne suscitera pas l'adhésion du plus grand nombre si cette décision ne vient pas d'eux et cela provoquera une hystérisation sociétale qui ne sera pas propice aux besoins. Cette tension, nous venons de la voir à l'œuvre, n'a pas aidé à résoudre les problèmes de la Covid-19. Elle est à éviter tout prix car personne n'en sort gagnant ni grandi.

Il faut créer des leviers d'engagement, qui se suscitent avant tout au travers de sa propre volonté : si nous nous sentons acteur de la solution, nous la considérons comme utile et croyons en son action. Tout devient possible et nous sommes prêts à y consacrer du temps.

En matière d'engagement, nous pouvons déterminer schématiquement une échelle de solutions selon l'impact qu'elles représentent sur notre quotidien propre. Pour savoir où nous nous situons dans notre manière de nous engager, nous pouvons déterminer cinq types d'évolution à l'échelle d'une personne qui n'impliquent pas le même niveau d'investissement individuel ou collectif, ni les mêmes conséquences. La question est de savoir dans laquelle nous nous trouvons et d'évaluer si nous sommes prêts à évoluer vers la suivante, ou non. Et si oui comment ?

– **Catégorie 0 :** personnes dans le déni des changements écologiques et sociaux actuels, ou peu préparées à « perdre » quoi que ce soit. La décision d'évoluer ne pourra venir que d'un enseignement et d'informations concordantes.

– **Catégorie 1** : changements et solutions sans impact réel sur nos niveaux de vie. Ils ne retirent rien à notre confort et à nos passions et le seul frein à leur mise en œuvre relève d'un désengagement personnel : être attentif aux déchets dès l'achat en refusant le suremballage, quitte à les laisser dans le magasin ; trier les déchets ; baisser un peu son chauffage d'un à trois degrés Celsius et s'habiller en conséquence et éviter de trop climatiser en été ; ne pas céder à la facilité de laisser notre téléphone cellulaire prendre une décision pour nous *via* une appli ; faire le ménage tous les mois dans ses courriers électroniques et son cloud en supprimant les mails devenus inutiles et les documents devenus obsolètes ou inutiles. Ces gestes simples, parmi des centaines d'autres, ont une répercussion concrète sur la diminution de nos émissions de CO_2 et de nos pollutions.

– **Catégorie 2** : changements et solutions avec peu d'impacts sur nos niveaux de vie, mais demandant une évolution de nos réflexes fonctionnels, avec l'effort que cela représente. Là encore peu de raisons de s'en priver : acheter le plus possible d'éléments en vrac, donc choisir les magasins qui les proposent ; réduire sa quantité de viande et de poisson et refuser tout élevage en batterie sans respect animal ; éviter les moyens de transport polluants lorsqu'il existe une alternative, même plus lente ; évaluer les marchandises à l'aune de leurs impacts globaux et de production solidaire ; refuser l'anonymat sur Internet pour assumer que cet espace de liberté est aussi celui de la responsabilité ; ne plus utiliser certaines applications énergivores comme TikTok qui consomme quatre fois plus que toutes les autres… Collectivement, si un nombre suffisant de personnes rejettent un même produit, cela peut obliger les fabricants à réagir, le changer ou le supprimer.

– **Catégorie 3** : évolution nécessitant un changement de paradigme personnel en supprimant des habitudes que nous aimons ou que nous pensons nécessaires. Changer de lieu de vie pour se rapprocher de son travail (ou l'inverse), afin de ne plus devoir utiliser de véhicule à moteur pour s'y rendre ni faire fonctionner de gros serveurs à distance ; cesser de manger de la viande ou autres aliments considérés comme fortement impactants (à base d'huile de palme par exemple) ; ne plus s'accorder des « ce n'est que pour une fois » ; réduire ses trajets de loisir ; ne plus utiliser de véhicules individuels lorsque cela est possible ; supprimer les plastiques et les objets jetables ; réduire drastiquement sa consommation de produits électroniques et sa consommation d'Internet en général ; aller à la rencontre de personnes hors de son cercle traditionnel, dans la rue, à l'étranger, pour découvrir d'autres modes de vie et comprendre les solidarités en aidant les personnes dans le besoin ; s'engager dans des actions d'entraide.

– **Catégorie 4** : entrer en militantisme. Au-delà de ses propres changements, cette catégorie implique un engagement pour les causes auxquelles nous croyons. Pas seulement notre implication personnelle, mais signer les multiples pétitions qui circulent sur Internet ou partager des posts sur les réseaux. Agir concrètement *via* la communication et sur le terrain pour faire avancer ces causes. Environnement, droit social, réfugiés, elles ne manquent pas et demandent de l'investissement en temps, parfois en risques, pour essayer de faire changer les lois, les usages et parfois les coutumes.

Ce ne sont que quelques exemples en rapport avec les besoins environnementaux actuels. Mille autres gestes sont possibles, que plusieurs sites Internet listent déjà et dont je ne vais pas reprendre l'énumération ici. Certaines personnes sont déjà dans la catégorie 4, voire au-delà. D'autres n'ont pas entamé la 1. Mais plutôt que de se juger les uns les autres, il est plus profitable d'aider ceux qui en ont besoin à faire leurs premiers pas. Il suffit souvent de commencer. L'idée est simple. Choisir une action qui nous paraît utile et à notre portée. Et la mettre en œuvre du mieux possible. Puis une seconde. Lorsque l'on se sent prêt, pourquoi ne pas viser la catégorie suivante et y faire un premier pas. On peut être à cheval sur deux, voire trois d'entre elles. Il faut simplement se donner les moyens de faire quelques pas. J'ai bien conscience que d'aucuns estimeront que ce n'est pas assez. Qu'il faut faire plus et plus vite. Je le comprends. L'urgence est pressante. Mais je travaille sur le cerveau, les changements et les crises. Et je sais aussi que nous ne parviendrons pas à opérer tous les changements d'un coup de gomme intellectuel sur des décennies, parfois des siècles, d'habitudes et de schémas mentaux ; j'étais un homme pressé. Aujourd'hui, je préfère féliciter et encourager la personne qui a fait un pas, même petit. Le soutien offre toujours plus de résultats à long terme que les brimades, je sais qu'elle fera toujours le deuxième pas !

Je parle peu ici des responsables politiques, industriels, de la société en général. Il est évident que sans résolution engagée des gouvernances et des entreprises, tout cela ne suffira pas. Mais je pense que chaque personne doit agir à sa manière, à son niveau, en son âme et conscience. D'abord, parce que si tout le monde le fait, cela induira automatiquement des évolutions. Certains pays ont déjà presque entièrement dépassé la catégorie 1. Ensuite, parce que les décideurs sont avant tout des citoyens, qui doivent se poser la même question : dans quelle catégorie suis-je ? Et comment, à mon échelle, puis-je faire évoluer les choses pour essayer de passer dans la suivante ? Et faire la même chose avec mon entreprise. C'est la volonté que chaque personne met en œuvre, à l'échelle qui est la sienne, qui crée le mouvement collectif dont nous avons besoin.

Du temps pour s'engager

Nous devons donc consacrer du temps pour nous engager et agir, que ce soit à l'échelle individuelle, d'une famille ou d'une entreprise. Nos sociétés modernes nous en offrent paradoxalement de moins en moins, alors que nous sommes censés être riches de nombreux gadgets pour nous en faire gagner. Il faut retrouver et donner du temps !

Il est important que tout le monde s'engage à titre individuel et que les entreprises et les gouvernements puissent faire de même à leur niveau.

J'évalue à quatre heures par semaine le temps que chaque personne devrait consacrer à ces thématiques et donc *in fine* à la collectivité. Pour équilibrer ce temps que chacun devait pouvoir donner à la communauté et à la planète, il serait intéressant d'envisager un mécanisme de mise à disposition de deux heures supplémentaires par employé, payées par les entreprises – plutôt axées pour transformer les fonctionnements de l'entreprise et de ses partenaires – et que chaque individu donne deux heures de son temps – destinées à des transformations plus générales. Pour 1 000 personnes, cela crée une enveloppe de 4 000 heures par semaine, dont 2 000 pour faire évoluer les pratiques environnementales et sociales de son entreprise, et 2 000 pour des actions en faveur de toute la collectivité. Cela représente chaque semaine l'équivalent de deux ans de travail à temps plein d'une personne, soit cent ans en une année. Mais au-delà de ces cent ans, ce sont 1 000 cerveaux qui se mettent en œuvre pour réfléchir conjointement, chacun avec ses connaissances et compétences. Avec 30 millions d'actifs en France, cela représente trois millions d'années de travail par an au profit de l'environnement et de la société. On peut en faire des choses avec cela.

Le mécanisme doit permettre bien entendu des dons sous forme de mécénat à d'autres organismes comme des associations.

Donner quatre heures par semaine, dont deux payées, pour travailler en collaboration à des thématiques environnementales ou sociales, n'est pas un investissement individuel démesuré, mais serait un immense levier pour transformer notre futur.

La compréhension solidaire et globale

Nous ne pouvons plus nous contenter de considérer les choses sans en connaître l'ensemble des tenants et aboutissants. Le paquet de café que je mets dans mon panier, d'où vient-il ? Sa culture, sa production, sa torréfaction, sa transformation, son empaquetage, son transport, sa mise en rayons. Qu'a-t-il impliqué en matière de droits humains, de pollution des sols ? Lorsque je pense que le travail de quelqu'un d'autre est moins utile que le mien, voire franchement inutile, ai-je cherché à comprendre à quoi il correspond et quel est son apport réel ? Lorsqu'un migrant arrive sur nos côtes, savons-nous pourquoi il est parti de chez lui et ce qu'il a vécu ? Chercher à comprendre pourquoi une personne agit ou ce qu'implique une situation est parfois difficile, mais ce principe de solidarité permet de prendre un peu de recul sur nos croyances initiales et d'évaluer nos décisions. Nous n'avons souvent aucune conscience de l'ensemble d'une chaîne globale et cela nous fait agir sans toujours en appréhender les impacts. C'est parfois long à trouver, voire presque impossible, et il faudra le changer. Mais nous ne devons plus prendre de décisions individuelles ou collectives – surtout collectives – sans en connaître toutes les implications.

Pour produire l'équivalent d'un térawatt[1] d'électricité, ce sont les panneaux solaires qui demandent le plus de matières premières ; cela provoque 100000 morts si cette énergie provient du charbon ; un charbon qui représente deux fois plus d'émissions de gaz à effet de serre que le gaz naturel, et que trop de pays plébiscitent encore, de l'Allemagne à la Chine. Toutes les énergies provoquent des risques, et nous devons impérativement en réduire nos consommations et chercher à améliorer nos technologies. Mais à l'heure des choix, nous devons en connaître les réalités. C'est cela une compréhension systémique solidaire. Examiner les impacts écologiques et humains, non pas seulement chez nous et pour nous, mais sur l'ensemble de la chaîne.

1. 1 milliard de kilowatts heure. En 2000, l'ensemble des activités humaines ont consommé environ 13 térawatts.

Éducation

C'est la clé de tout. Des points ci-dessus et du reste. Je ne connais rien de plus puissant pour faire changer le monde que l'éducation. La seule manière efficace et sans douleur de parvenir à la compréhension éclairée et systémique. De réduire les inégalités de genre et d'origine entre humains. De réduire la surpopulation. De valoriser chacune et chacun. De mieux gérer des situations comme celle de la Covid-19. Ce simple mot contient le pouvoir le plus puissant qui soit. J'y consacre donc le chapitre suivant.

9. Une nouvelle mappemonde

Que voyons-nous et ressentons-nous lorsque nous regardons l'océan, debout sur une plage ? Une immense surface bleue ? La peur qu'une vague nous emporte ou d'un prochain tsunami ? De l'eau à profusion qui peut être désalinisée pour devenir potable ? Un défi sportif ? Une immensité qui me sépare de la vie meilleure à laquelle j'aspire dans un autre pays ? L'habitat d'une biodiversité prolifique ? Un horizon qui paraît sans limites, derrière lequel je peux imaginer tous les mondes ? Et mille autres choses que nous pouvons penser ou imaginer selon notre vécu et nos appétences. Je peux revenir cent fois regarder cet océan, et ressentir ou voir toujours la même chose. Et peut-être qu'un jour, lorsque je reviendrai, quelque chose se passera. Si j'ai peur de lui, et que quelqu'un me jette brutalement dedans alors que des rouleaux pilonnent la plage, je serai complètement paniqué. Si je m'en sors, ma peur sera peut-être plus forte et je ne viendrai plus à la plage. Ou le fait de m'en sortir me montrera que je peux le faire, et je serai plus sûr de moi. Un quitte ou double. Mais si quelqu'un en qui j'ai confiance, que j'aime, me prend par la main et m'y emmène par temps calme, en m'expliquant ce qui se passe, en me tenant et restant près de moi, en revenant jour après jour jusqu'à m'emmener nager dans les rouleaux, il y a de grandes chances que je puisse appréhender ce milieu qui m'était hostile. Je ne le verrai plus de la même manière en revenant sur la plage. Il sera toujours le même, immuable et puissant ; seul mon regard aura changé. Et avec lui mes capacités.

Il n'y a que deux absolus dans la vie d'un humain, dans le vivant en général. Un jour, nous venons au monde. Un jour, nous mourrons. Entre deux, tout est possible. Certains courants scientifiques cherchent à prouver que nous sommes prévisibles, du moins dans nos comportements collectifs, dans une vision algorithmique de nos fonctionnements. Si nous le sommes, nous agirons toujours de la même manière et collectivement de manière similaire. Dans cette condition, les intelligences artificielles feront mieux que nous puisqu'elles sont plus rapides que nous pour effectuer des calculs et des comparaisons qui sont les bases du principe de récurrence.

C'est pourtant loin d'être vrai. Nous ne réagissons pas vraiment de la même manière au moment de regarder l'océan. Et ces sentiments peuvent évoluer selon les événements et ce qui se passera dans l'univers multidimensionnel que nous portons toutes et tous en nous : notre cerveau. Cette masse minuscule au regard du monde, de moins de deux kilos qui renferment pourtant quelques milliers de milliards de cellules – neurones, synapses, glie – autant que bien des mystères. C'est à la fois notre mappemonde et notre boussole. À la différence que notre « nord » n'est pas un absolu. Bien sûr, lorsque nous suivons un apprentissage, les réseaux de neurones se renforcent jusqu'à engendrer des automatismes. Il en faut. Sinon nous devrions réfléchir assidûment avant de faire chaque pas. Ce serait fatigant. Heureusement, une fois que nous avons compris et pratiqué le principe de la marche, nous pouvons passer à autre chose. Pour autant, à côté de ces apprentissages profonds qui se forgent pour toujours, à moins d'un accident ou d'une maladie grave, la plupart de nos savoirs peuvent évoluer. Et tout est là. Tout. Dans ce monde de prédiction technologique, à l'heure où la société Neuralink d'Elon Musk veut nous implanter des puces pour « réparer » et « améliorer » notre cerveau, il serait peut-être bon d'apprendre d'abord ce qu'il est et quelles sont ses capacités, car nous n'en connaissons pas grand-chose. Nous devons réapprendre à faire confiance à nos cerveaux, bien plus performants qu'on l'imagine, avec par exemple la capacité encore peu explorée de se connecter avec les autres personnes proches. Et nous devons leur donner les moyens d'apprendre de nouveaux paradigmes.

Hormis un handicap physique grave, connaissez-vous un humain qui se déplace en rampant ? *A priori* pas. Que nous soyons nés au Bangladesh ou au Japon, que nous soyons une femme ou un homme, dans des conditions normales de vie, nous nous développons d'une manière similaire. Un jour, nous essayons de nous redresser, de faire un premier pas. Nous tombons. Et petit à petit nous marchons. J'aurais pu prendre de nombreux autres exemples qui nous disent une chose simple. Nous avons toutes et tous le même cerveau et les mêmes capacités initiales. Pas forcément le même caractère, et tous les parents savent parfaitement bien que deux bébés, même nés dans la même famille, n'ont pas les mêmes appétences pour les mêmes choses. Mais ils ont les mêmes aptitudes. Durant les premiers temps de notre développement, notre cerveau se façonne selon notre génétique innée ; ce que nous apportent nos parents et autres éducateurs dans notre entourage ; nos conditions de vie avec ou sans stabilité situationnelle, notre mode de nutrition et d'autres apports ; certaines hormones que nous activons ou non ; et les enseignements que nous recevrons. Si je grandis à Alep, dans la Syrie en guerre, entouré de peur et de bruit, sans accès à un enseignement varié et, dès le plus jeune âge, différencié entre ma sœur et moi, je n'ai pas le même bagage éducatif et émotionnel que si je grandis à Helsinki, en Finlande, dans un univers apaisé, avec l'accès à un enseignement varié et non genré. Ce sera vrai aussi d'un enfant en France vivant dans un HLM de banlieue *versus* un autre enfant dans un village entouré de forêts. Ces mêmes personnes vont grandir entre événements personnels et collectifs, selon leur vécu et leurs émotions, qui vont dans chaque cas influencer leur perception et faire évoluer leurs cerveaux. Leur vécu déterminera en grande partie ce qu'ils seront et les choix qu'ils prendront. Nous le comprenons bien. Cela paraît très logique. Et pourtant, nous en tenons bien peu compte au moment de réfléchir à nos moyens d'amener une population à faire évoluer ses paradigmes et changer notre futur.

Dans une grande majorité des cas, les mesures en faveur d'un changement comportemental vis-à-vis de l'environnement – et heureusement elles sont de plus en plus nombreuses – ne proposent que très peu, voire aucune mesure liée à l'éducation et à l'enseignement. J'ai même parfois l'impression que, sur ce point, beaucoup n'ont pas conscience de son importance. Pendant que nous dépensons des milliards pour développer des « intelligences » qui analyseront mieux que nous les problèmes de pollution, trop peu est investi dans l'enseignement humain à travers le monde, à l'exception de quelques pays. Un enseignement de qualité est indispensable si nous voulons avoir une chance de modifier le cours de notre vie future. Comme pour les décisions liées à la Covid-19, la santé a, là aussi, pris en partie le pas sur le savoir. Dans le monde, nous consacrons 4,49 % de la richesse globale (déterminée par le PIB) à l'éducation contre plus de 11 % à la santé. En France, le ratio est de 5,5 % contre 11,5 % et en Suisse 5,1 % pour 11,1 %. Tous les pays d'Europe sont à peu près dans ces mêmes chiffres. La santé est importante, aucun doute là-dessus, et dans plusieurs pays elle intègre les maternités, donc la gestion des naissances, et les soins de fin de vie. Cependant, l'ensemble de la population d'un pays doit recevoir une éducation, qui est l'épicentre des bases nécessaires pour l'ensemble des besoins de vie.

Nous n'y consacrons tout simplement pas le budget nécessaire, et c'est encore plus vrai dans la plupart des pays d'Afrique et d'Amérique. Un budget qui doit permettre un système scolaire de s'extraire des seules salles de classe pour permettre aux étudiants de se confronter directement à la nature et aux réalités du terrain, afin de laisser toute sa place à la sensorialité émotive et l'expérience.

Un enseignement pour toutes et tous

En juillet 2020, l'enseignement égalitaire pour toutes et tous jusqu'à la fin de l'adolescence, soit environ neuf ans d'enseignement *a minima*, existe dans moins d'un tiers des pays du monde. L'accès aux études universitaires gratuites et sans distinction de genre dans moins d'un quart. Et l'accès par la suite à des fonctions cadres en entreprise, là où les formations continues sont les plus courantes et performantes, est très largement accaparé par les hommes dans plus de 90 % des pays. Près de la moitié de la population mondiale, au cours de sa vie, n'a donc pas les mêmes chances de recevoir une éducation équivalente à l'autre moitié, en dehors de ses propres motivations ou volontés d'apprendre. Quand cela leur est autorisé !

Au-delà de ces distinctions de genre, le niveau d'éducation reste très faible pour les populations les plus défavorisées dans la plupart des pays en développement et plus de 250 millions d'enfants ne sont jamais scolarisés, à quelques exceptions remarquables, dont le Timor oriental, et surtout, Cuba. C'est le pays au monde qui consacre la plus grosse part de son budget à l'éducation avec

12,8 % de son PIB (et 11,1 % à la santé), érigée en véritable trésor national. Et les résultats sont là, en particulier en médecine. Cuba envoie des médecins dans le monde entier lors des grands drames, et c'est encore ce qu'ils ont fait durant la crise de la Covid-19, en aidant plusieurs dizaines de pays, devenant probablement la nation qui a fourni le plus de soutien physique durant cette période.

Lorsque l'on sait l'importance du développement cognitif, et l'apport qu'un cerveau formé et agile peut représenter, nous pouvons évaluer à l'échelle mondiale l'immense perte pour la construction de notre futur que représente ce vide éducatif qui touche presque, à une échelle ou une autre, tous les pays.

À l'heure où nous désirons installer des machines intelligentes de plus en plus autonomes, en espérant que la suppression des travaux considérés comme « dégradants » permettra de donner à chacune et chacun l'occasion de se diriger vers des métiers à forte valeur ajoutée, il serait judicieux de mettre en place *préalablement* les moyens de réduire drastiquement ces inégalités en matière d'éducation. Car sans formation, outre ne pas pouvoir participer avec son plein potentiel à la construction de notre avenir, une personne ne trouvera plus de travail, sinon dans les pires conditions qui soient.

Ce que « même » les machines ne pourront pas faire.

Lorsque la Corée du Sud a décidé d'entamer sa transition de pays émergent après une longue occupation par le Japon, une guerre et des années de dictature, c'est avant tout à l'éducation que ses dirigeants ont consacré leurs efforts pour se construire un patrimoine industriel autonome et devenir une démocratie. Alors que dans les années 1960, la Corée du Sud était parmi les pays les plus pauvres du monde, avec un niveau de vie inférieur à celui du Kenya, cette transition l'a fait passer d'un PIB par habitant de 92 dollars à 31 362 dollars en 2018, devenant la onzième économie mondiale, toujours conduite par un projet moteur d'innovation.

Ce « miracle coréen » n'est pas dû au hasard, mais à un projet, une motivation bien déterminée et une éducation adaptée pour soutenir le besoin de transformer les mentalités. Cela n'a pas été sans coût, et la pression des bons résultats scolaires est devenue trop forte. La démonstration de ce que peut apporter un changement éducatif n'en est pas moins intéressante tout en cherchant à en éviter les écueils. D'autant que ce n'est pas le seul pays qui a su placer l'éducation au cœur d'un programme de construction d'un nouveau projet d'avenir. Le Rwanda a fait de même après le génocide, en misant sur les femmes.

Il faut finalement peu de temps à un pays, à un système, pour se transformer rapidement en changeant l'éducation qui s'est appesantie au fil des années sur des méthodes certes efficaces à une époque, mais devenues peu efficientes face aux nouvelles demandes. En dix ans, même moins, un système peut se transformer profondément, tant l'enseignement porte de puissance et de capacité au travers des enfants, puis des jeunes adultes, à faire évoluer un besoin.

Il faut donc enseigner. Beaucoup. Partout. À toutes et tous. C'était l'idée de la création en 1945 de l'Organisation des Nations unies pour l'éducation, la science et la culture (Unesco), ainsi que, dans une mesure différente et plus en lien avec le terrain, le Fonds des Nations unies pour l'enfance (Unicef) fondé en 1946 pour assurer les droits des enfants. Mais ces organismes ne suffisent pas, ou plus, à la nécessité d'un tronc commun de connaissances universelles. Outre une mécompréhension du rôle premier de l'apprentissage dans la construction du futur, l'une des raisons de l'abandon de l'éducation générale pour toutes et tous est la crainte de heurter les croyances et les opinions, autant que d'accepter les différences culturelles. La « diplomatie » nécessaire pour s'assurer des bonnes volontés des membres fondateurs – au rang desquels l'Arabie saoudite où les femmes avaient légalement un statut d'enfant jusqu'en 2019 ou les États-Unis qui s'en sont retirés en 1984 au prétexte que les valeurs de paix prônées par l'Unesco allaient à l'encontre de sa volonté de course à l'armement – rend difficile le respect d'accords sur un socle éducatif qui, *de facto*, n'a jamais existé. Concernant *a minima* les connaissances environnementales et idéalement celles liées aux droits humains d'égalité des chances sans distinction de sexe ou d'origine, un renforcement significatif du rôle de l'Unesco est nécessaire. Cet organisme, que l'on connaît surtout en raison de la liste des sites inscrits au patrimoine mondial qu'il protège, plus que pour ses œuvres éducatives, doit être renforcé dans ses prérogatives.

Des apprentissages pour préparer le futur

À quoi doit servir l'école aujourd'hui ? Longtemps, son objectif a été de permettre aux nouveaux entrants dans la vie de se préparer à trouver un emploi, et d'en posséder les savoir-faire nécessaires. C'était parfait dans le cadre d'emplois bien définis, aux cadres clairs, et que l'on avait une chance d'exercer une grande partie de sa vie. Cela ne correspond plus à notre réalité. Les métiers changent vite, et ceux de demain sont pour beaucoup encore inconnus. Sans prétendre comme le fait le rapport de Dell Technologies et de l'Institut pour le futur, qui estime que 85 % des métiers de 2030 n'existent pas aujourd'hui, il est certain que les transformations du monde du travail seront profondes, plus rapides que les écoles ne sauront l'enseigner. Les événements que vont vivre les enfants d'aujourd'hui seront de plus en plus imprévisibles, et certainement différents de ce que les prévisions sont capables d'anticiper.

Le premier acquis de l'école doit permettre de parvenir à une agilité cognitive et une réactivité qui impliquent à la fois la capacité d'acceptation des situations nouvelles et de l'imaginaire, qui permet de projeter sa pensée dans un futur à construire. Cela tombe bien, ce sont des aptitudes que les enfants possèdent dès la naissance, mais que l'enseignement ne tend pas à développer. Il faut privilégier l'agilité, la variabilité, la réactivité et l'appétence à l'exploration de la nouveauté. Des notions qui se travaillent surtout au travers de mises en situation et de résolutions en commun de problèmes.

Le deuxième est de se servir des connaissances les plus récentes. Car si enseigner signifie renier les connaissances actuelles pour apprendre la création en six jours de notre planète, qui n'aurait que 5000 ans, comme cela se fait de nouveau dans certaines écoles des États-Unis ; si cela veut dire rester enfermé dans une salle à apprendre par cœur des livres écrits il y a 2000 ou 1200 ans sans aucune analyse ni recul, ou tout autre principe imposé sans démonstration, cela peut s'avérer pour le moins contreproductif.

Le troisième acquis paraît évident, l'école doit nous préparer à notre futur. Ce n'est pas le cas aujourd'hui. Et cet avenir sera marqué principalement par les thématiques écologiques – réchauffement et pollutions –, les évolutions sociales et économiques au sens large, avec tout ce qui gravite autour. Il est donc indispensable que les écoles, à tous les niveaux, dispensent des cours sur l'écologie, qui ne doivent pas être confondus avec les fameuses sciences et vie de la terre (SVT). Ces thématiques doivent être présentes dans l'ensemble de l'enseignement de manière transverse, et bénéficier de cours dédiés sur les réalités actuelles, les enjeux, les besoins, les pratiques et les risques, afin non seulement que les enfants deviennent des éco-acteurs qu'ils sont déjà pour la plupart naturellement, mais aussi des penseurs, puisque les solutions viendront de là où l'on s'y attend le moins. Comment peut-on comprendre que'en 2020, face à nos réalités, aux problèmes absolus qui vont impacter l'ensemble des secteurs sans aucune exception, la plupart des pays, dont la France, n'aient pas encore de cours consacrés à ce principe éducatif, ancré au cœur du parcours des étudiants ?

Un socle commun

Il est donc temps de composer ce socle fondé sur des valeurs universelles qui ne devraient souffrir d'aucune contestation, sinon celle de dogmes qui ne doivent plus être acceptés face aux besoins planétaires et humanistes :

– Nous sommes toutes et tous des êtres humains avec les mêmes caractéristiques physiologiques et cognitives initiales.

– Nous vivons sur la même planète, dans la même atmosphère, sous le même Soleil, et les réalités climatiques ne s'embarrassent d'aucune frontière ni d'aucun régime politique ou religieux.

– Nous faisons partie d'un ensemble vivant composé d'animaux, de plantes et aussi de minéraux qui forme une entité globale que nous devons comprendre et respecter.

À ces principes universels devraient s'ajouter la liberté de choix sans distinction de genre, ainsi qu'un apport de connaissances liés aux 17 objectifs de développement durable sur lesquels les pays membres des Nations unies se sont mis d'accord pour les atteindre chacun d'ici 2030.

Ces socles communs doivent être offerts à l'ensemble des populations de manière égale, sur une même base de compréhension. Aux pays d'accompagner ces principes en instaurant, dans leurs cycles obligatoires d'études :

– Plusieurs périodes hebdomadaires de cours obligatoires consacrés à l'écologie, au vivant en général et aux causes sociales d'égalité des droits, dont un pourcentage important en travaux pratiques, à tous les niveaux scolaires. Cet apprentissage doit s'accompagner de formations à ces pratiques pour les enseignants spécialisés, dont une partie doit être effectuée sur le terrain, lors de stages dans différents organismes. Il serait aussi judicieux que l'ensemble des matières transverses (physique, géographie, histoire, mathématiques, etc.) soit initié aux enjeux environnementaux. Cela peut se faire rapidement. C'est une décision politique sur laquelle nous pouvons agir, et les parents encore plus.

– Des périodes hebdomadaires sur la biologie humaine non genrées – qui étudient donc tant la physiologie féminine que masculine – et sur les fonctions cognitives fondées sur le développement de la variabilité et l'adaptation.

– Un temps consacré à l'étude des principaux courants politiques, religieux et laïcs dans le monde, qui touchent plus de 90 % de la population, et sont donc fondamentaux dans la compréhension des liens sociaux et interculturels pour favoriser un regard global, neutre et dépourvu de passions.

– Enfin, il faut créer. Construire physiquement des objets, travailler sur la matière. La création par soi-même est très valorisante, elle rend fier de soi, et de nombreuses disciplines peuvent s'enseigner autour d'un projet créatif comme les mathématiques, la géométrie, la chimie ou la physique.

Ces différentes notions ne se heurtent pas à l'enseignement des matières nécessaires et obligatoires bien entendu, comme les langues, les mathématiques, l'histoire ou des spécificités régionales, comme socle initial de compétences. Elles doivent se fondre en elles pour devenir une manière et non une matière, ce que théorise déjà Michel Serre dans plusieurs ouvrages. C'est pourquoi je suis avec attention le modèle finlandais qui fonctionne de plus en plus par projet, avec propositions aux élèves de sujets qu'ils peuvent choisir et qui seront traités ensuite sous de nombreux aspects transversaux, de l'histoire aux mathématiques, de l'environnement à la rhétorique. Ceci dans un contexte participatif à tous les niveaux. La Finlande est un pays peu peuplé, et peut-être que son modèle n'est pas entièrement transposable. Mais au vu de ses résultats à l'international, s'en inspirer ne paraît pas la plus folle des options. Cette même Finlande qui a tout de même su très bien gérer cette période de crise avec une femme de moins de 40 ans à sa tête.

En Europe, peu de pays ont instauré de tels cours spécifiques. La France a un gros travail à effectuer sur ces principes, abordés ici et là de manière parcellaire et non systématique.

Au-delà des années obligatoires, il est important que les formations continues prennent en compte ces données, et en particulier la formation en entreprise qui doit s'imposer les mêmes objectifs. Cela doit devenir systématique lorsque cette formation est soutenue par l'État ou des organismes de solidarité, comme le principe du 1 % formation en France : un pourcentage défini doit obligatoirement être consacré à des formations à visée de développement écologique et de compréhension de la réduction des impacts.

Émotions et émerveillement

Il faut surtout que l'enseignement prenne en compte de manière bien plus globale les sens et les émotions, avec la capacité créatrice qu'elles génèrent. Ce sont nos émotions qui nous font agir, décider et donc, apprendre. Un apprentissage sans émotion n'offre qu'un pourcentage infime de ce qu'il peut apporter et une décision exempte d'émotion n'existe tout simplement pas. Nous ne pouvons être fortement touchés par un événement qu'en fonction de son rapport à nos émotions. Et si une image, belle ou triste, peut engager nos émotions, elle ne sera jamais aussi forte que le vécu personnel.

Il faut parvenir à les intégrer à tous les échelons, dans des disciplines diverses pour que ces principes soient mis en pratique plutôt que théorisés. Prendre la parole en public, défendre une opinion, construire ses arguments peut se faire dans toutes les disciplines. Ce qui permet de former l'esprit critique, dont nous avons pu observer durant la pandémie les lacunes. Il faut aussi, et c'est un prérequis absolu, un contact avec la nature. C'est là le plus gros effort que l'enseignement doit être capable de réaliser. La végétalisation des classes doit en être une première étape. Pas seulement avec quelques plantes pour faire joli ou parler de l'environnement, mais bien par l'apport d'un écosystème suffisamment riche et varié. L'importance du lien à la nature n'est plus à démontrer, et cela représente des éléments vivants à entretenir au quotidien, offrant une compréhension immédiate de ses actes et les valorise. Des projets de « fermes éducatives » avec un *mix* entre disciplines intellectuelles et environnementales en prise avec le terrain, sont testés dans le privé, et pourraient constituer une piste intéressante à généraliser pour certains aspects.

Ce lien concret avec les éléments facilite le développement de l'émerveillement. Cette émotion tellement importante, porteuse d'un monde d'espoir. Puisque nos décisions sont présidées par nos émotions, les émotions positives et constructrices sont celles qui permettront de projeter un possible plutôt qu'un abandon. Mais l'émerveillement est aussi un outil fabuleux dans les moments de doute et de peur. Apprécier de regarder un objet, un arbre, un paysage ou une sculpture en y prenant du plaisir. S'émerveiller pour des choses simples ou d'une immense complexité, pour ce que l'on a créé aussi bien que pour la nature, pour qu'elle génère une construction mentale tournée vers le possible. J'aurai forcément plus envie de protéger et d'aider ce que j'aime et qui me touche qu'un élément désensibilisé. Je ne développe pas plus ici cette thématique essentielle déjà largement abordée dans un précédent ouvrage intitulé *Explorer demain*[1].

J'ai bien conscience en écrivant cela que s'occuper d'une classe de 35 élèves aux regards sur la vie et aux besoins très différents, dans des conditions parfois difficiles, est tout sauf une sinécure.

1. Voir note p. 151.

Cela ne se fera pas en quelques mots jetés sur un papier. Ces nouvelles modalités d'enseignement doivent être une décision politique, structurelle autant que financière. Certes, cet enseignement coûte de l'argent aux collectivités. Mais soyons honnêtes : combien nous coûte une crise comme la Covid-19 ? Combien coûtent et coûteront les catastrophes écologiques si nous ne faisons rien ? Je ne prétends pas que l'enseignement nous évitera tous les problèmes et toutes les crises. Mais c'est une base indispensable pour comprendre ces problèmes, chercher à les résoudre pour tenter de les éviter.

10. Quelques pistes pour le futur

J'ai toujours été fasciné par les fleurs qui poussent entre les moindres interstices qu'offre le goudron, en écartant les bords pour s'y faire une place ; par ces arbres qui s'installent sur les ruines oubliées ou ces plantes qui s'égayent dans les lieux les plus improbables, parfois au climat terrifiant. Si l'on raconte souvent la destruction, si l'on montre les impacts négatifs, c'est qu'ils sont fréquents et qu'il est important de le faire savoir. Mais l'on observe aussi la vitesse à laquelle la nature sait reprendre sa place et ses droits. Cette nature tout simplement incroyable. Qui peut produire un virus qui se répand en quelques semaines dans le monde entier, bouleversant la marche de l'humanité, aussi bien que retrouver sa place très rapidement, même après avoir été terriblement malmenée. C'est aussi ce qu'a montré le confinement, avec une activité humaine réduite en maints endroits de la planète : le retour de la nature. En deux mois, des secteurs abandonnés par certains animaux ont été revisités, des plantes ont recommencé à pousser, les chants des oiseaux ont à nouveau résonné haut et fort. Des animaux ont été observés dans des lieux désertés, comme des dauphins dans le parc national des Calanques à Marseille, ou dans le détroit du Bosphore en Turquie, des pumas dans Santiago du Chili ou des sangliers à Haïfa en Israël. Il y a bien d'autres exemples encore. L'Albanie a vu son nombre de flamants roses augmenter et le calme inhabituel durant la saison de reproduction de plusieurs espèces a permis une nette augmentation de leur taux de naissance.

Cela est dû en grande partie à la diminution de la présence humaine dans ces sites ainsi qu'à la baisse considérable de la pollution sonore, plus que de celle du CO_2. Le niveau de bruit a chuté de plusieurs décibels, jusqu'à près de 90 % la nuit aux abords de certaines voies parisiennes. Cette pollution, dont on parle trop peu, est pourtant responsable de modifications profondes sur les écosystèmes, en particulier la capacité des espèces à se reproduire ou se diriger, autant que sur les humains, puisqu'au moins une personne sur cinq souffre de troubles liés à la pollution sonore. Moins de bruit, moins d'activités et de déplacements humains, il n'en fallait pas plus pour que les animaux se sentent à nouveau libres de leurs mouvements.

C'est en partie anecdotique. La fin des confinements a fait rebasculer ces équilibres. Mais cela montre que des voies sont possibles et que, très concrètement, elles peuvent avoir un impact positif réel et rapide sur notre nature. Je ne prône bien entendu pas un confinement permanent, ni même temporaire, dans l'espoir de retrouver ces normes. Mais une certitude est née, qui bat en brèche les théories de l'inexorable catastrophe : cela est possible. Les choses peuvent changer dans le bon sens, et nous venons de le voir. À tel point que la Thaïlande a dorénavant décidé qu'elle fermerait ses parcs, de deux à quatre mois chaque année, pour laisser la nature se régénérer. Un acte fort pour un pays dépendant en partie du tourisme. Puisque nous le savons, nous n'avons plus d'excuses. L'urgence est là. Mais rien n'est inéluctable. Il est hors de question de baisser les bras, d'abandonner la lutte en observant, de loin, la fin des temps naturels. Les changements sont toujours possibles, souvent plus rapides qu'on veut bien le croire.

La tâche est ardue, immense et, je le répète, demandera plus de temps que ce que les chiffres semblent vouloir nous en accorder, en acceptant le fait que tout le monde ne changera pas à la même vitesse. En acceptant aussi ce qu'est l'humain en tant qu'espèce : un découvreur qui a de tout temps eu besoin de comprendre et de repousser certaines limites, impliquant un équilibre difficile entre ce besoin d'expansion inné et la nécessité de plus de frugalité. C'est frustrant peut-être. Mais il faut composer avec nos réalités et agir pour que les prochaines limites que nous déciderons de repousser soient celles de bouleverser notre rapport à la nature, dans une nouvelle approche de symbiose, plus que de domination, autant que respect entre humains et entre espèces.

Ce qui nous permettra de réduire les risques à la fois de nouvelles maladies microbiennes, de catastrophes écologiques, de la surpopulation, autant que des menaces de conflits et de terrorisme, est la mise en œuvre de ces nouveaux équilibres. Entre humanité et nature. Entre richesse et pauvreté. Entre innovation et stabilité.

Ces équilibres ne signifient pas que tout doit être exactement identique ni que tout le monde possède la même chose. Ce serait illusoire et aucun système n'a su le faire à grande échelle. Mais que les écarts extrêmes doivent être réduits. Que plusieurs millions de personnes meurent de faim, et trois milliards d'autres survivent avec moins de 5 euros, alors que 26 personnes possèdent autant de richesse que la moitié de l'humanité est non seulement inacceptable, mais représente aussi un terreau fertile de conflits. Que près de 90 % des femmes ne bénéficient toujours pas des mêmes droits légaux ou coutumiers, avec des pays qui les considèrent toujours comme des êtres inférieurs, ne donnent que peu de chances aux solutions pérennes puisque ce sont elles le plus souvent qui assurent la stabilité. Je pourrais poursuivre mon inventaire à la Prévert de ces déséquilibres que les grandes puissances économiques comme la Chine ou les États-Unis ne savent plus réguler et qui oblitèrent nos chances d'un avenir apaisé.

Beaucoup appellent à la chute du capitalisme au profit d'autres systèmes dont on ne connaît pas les modalités. En soi, je n'ai rien contre le changement, mais je pense qu'énoncer qu'il suffirait d'un nouveau modèle financier ou politique pour que les choses s'améliorent et que les problèmes écologiques soient résolus n'est qu'une illusion, destinée à pointer du doigt un coupable pour se donner bonne conscience. Un retour à la spirale de l'échec. Agir ne sert à rien tant que le capitalisme existera.

Le capitalisme est un principe économique plus que politique puisque les démocraties, la Chine communiste ou les théocraties pétrolières fonctionnent sur des principes capitalistes, avec l'enrichissement de certaines personnes et de plus en plus de millionnaires. Peut-être parce que chaque individu est unique, différent et non prédictible et que cela veut dire accepter la volonté des uns ou des autres à l'autodétermination d'une part, et au désir d'agir librement d'autre part. L'un des axiomes est qu'on ne peut empêcher un certain nombre de personnes de chercher à découvrir, à s'enrichir, quelle que soit cette richesse.

En soi, la suppression du capitalisme ne me paraît pas une solution suffisante puisqu'il est fort probable que son remplaçant souffre rapidement des mêmes maux : c'est moins le principe politique ou économique qui va compter pour le futur que la manière dont nous l'utiliserons, en évitant de nous réfugier dans des positions extrêmes, qui provoquent la dérégulation, et de concentrer les pouvoirs dans les mains de trop peu de personnes. Tout système deviendra délétère s'il n'est pas régulé et équilibré par des autorités indépendantes des états.

Ce qui fera la différence, c'est la capacité que nous aurons de faire confiance à l'intelligence humaine. Ce qui semble paradoxal puisqu'elle nous a menés là où nous sommes. Faire confiance à l'intelligence humaine, ce n'est pas s'en remettre à *quelques* personnes « éclairées » qui trop souvent se perdent, c'est accepter de donner aux peuples le choix des orientations et décisions, de façon suffisamment transparente pour comprendre l'ensemble des problématiques et décider en conscience.

Si au moment de considérer nos besoins, aucun régime n'est parfait, il est intéressant de constater que les cinq pays qui polluent le plus par habitant sont des dictatures productrices de pétrole où le droit du peuple est limité (Qatar, Koweït, Émirats arabes unis, Bahreïn, Arabie saoudite)[1]. Un Qatari diffuse 30,36 tonnes d'émissions de gaz à effet de serre (GES) par habitant, mille fois plus qu'un Nigérian. Si l'on ne tient pas compte des pays émergents – qui à ce jour polluent peu puisque leurs populations n'ont pas accès aux biens de consommation de base –, parmi ceux qui polluent le moins par habitant se trouvent plusieurs démocraties dites « pleines »[2], comme la Suède, passée de 10,13 tonnes d'émissions de GES par habitant en 1971 à 3,74 aujourd'hui, la Suisse ou l'Uruguay. La capacité

1. Le plus gros pollueur mondial est la Chine (autant que l'Europe et les États-Unis réunis), mais nous devons considérer la part de pollution issue de nos décentralisations, ce qui rend les données plus difficiles à appréhender.

2. En 2020, selon le classement de l'*Economist Group* basé sur 60 critères, 22 pays sont considérés comme des démocraties pleines, dont la France à la 20e place, et 54 autres sont classées comme « démocraties imparfaites » dont les États-Unis par exemple, en 25e position et la Roumanie à la 63e (plus bas classement des pays européens).

du peuple à interagir et à être considéré comme un élément décisionnel semble donc un critère important pour concevoir un monde plus équilibré. Mais cela ne suffit pas, puisque des pays comme le Canada et l'Australie sont au-dessus de 15 tonnes d'émissions de GES par habitant. Il faut aussi que le socle éducatif offert aux citoyens mette en avant les notions environnementales, ce qui n'est pas le cas dans ces pays.

Il ne faudrait pas lire ces lignes en considérant que les démocraties n'ont plus d'efforts à faire, c'est loin d'être le cas et les pollutions qu'elles engendrent restent bien au-dessus des nécessités actuelles. Mais que pour s'engager dans une direction constructive, le droit d'expression du peuple est une base nécessaire.

Il faut maintenant pousser les pays à évoluer rapidement, au travers de moyens concrets d'action. De ce point de vue, les solutions ne manquent pas, qu'elles soient éducatives, technologiques, solidaires ou en matière de consommation : du « Challenge #1 000solutions » de la Fondation Solar Impulse aux nombreuses associations et organismes qui proposent des alternatives solidaires à petite ou grande échelle[1], il y a de quoi

1. Vous en trouverez une liste, non exhaustive, sur https://adaptation-institute.com/solutions-organismes

satisfaire toutes les envies de s'engager. Chacune est importante et doit être soutenue. Il manque cependant souvent trois choses pour que les idées se transforment en créations efficientes : l'engagement, l'échelle suffisante pour être impactantes et la connaissance.

La priorité est donc de créer ces moyens. Je propose quelques solutions qui me paraissent indispensables pour mettre en œuvre ces principes. Il y en aurait des milliers, plusieurs sont déjà sur la table comme celles de la Convention citoyenne pour le climat en France, et aucune isolée ne peut suffire. Je me focalise donc sur deux notions : celles permettant de s'engager concrètement, actionnables rapidement avec les moyens actuels, sans imposer vingt ans de discussions multilatérales.

L'essentiel est dans la capacité à amener le débat et susciter l'envie de créer quelque chose plutôt que d'attendre, béat, la destruction du tout. Nous nous ne pouvons pas passer plus de temps tourné vers le passé. Nous devons préparer notre avenir. Vivre plutôt que survivre. Vivre plutôt que se morfondre. Vivre. Parce que quelles que soient nos douleurs, l'avenir, lui, n'attend pas.

Agir à tous les niveaux

J'ai déjà abordé dans les différents chapitres l'importance et le besoin de :

– donner accès à l'éducation pour toutes et tous, en imaginant de nouveaux systèmes éducatifs fondés sur les connaissances actuelles de la neuroscience et des émotions ;

– générer suffisamment de temps pour agir à titre personnel et collectif ;

– créer les conditions de l'engagement en suscitant l'appartenance à des projets pour se sentir partie prenante et responsable ;

– disposer d'une presse plus responsable et garante de ses informations, avec plus d'espaces consacrés aux aspects positifs, constructifs et aux solutions.

– nous astreindre à titre individuel à vérifier chaque information reçue ;

– engager des actions concrètes selon la catégorie à laquelle on appartient (voir plus haut) en se fixant des objectifs précis tant au niveau individuel que professionnel ;

– que les décideurs et experts soient responsables de leurs paroles et de leurs actes afin de renforcer la confiance.

Il est important aussi de bien comprendre nos actes quotidiens, afin de pouvoir faire nos choix en connaissance de cause et de manière éclairée. Des informations qui, souvent, existent déjà, auxquelles il est nécessaire d'avoir accès, particulièrement lors des actes courants de la vie. Qui connaît, au moment d'acheter un appareil, son coût carbone global, les métaux rares ou matières non recyclables utilisées ? Ce qu'est le comparatif impact entre une voiture électrique autonome et un véhicule thermique conduit par un humain ? La mise en perspective d'informations qualitatives et quantitatives permet de mieux comprendre nos actes, nos choix et nos responsabilités.

Des informations plus claires sur les emballages

Sur le même principe, c'est encore être informé de la valeur nutritionnelle d'un aliment grâce aux informations sur l'emballage, ainsi que grâce aux applications mobiles complémentaires de type Yuka ou OpenFood-Facts. Chaque objet ou aliment doit pouvoir être identifié par trois critères, clairement indiqués sur l'emballage des produits :

– Le bilan global de son coût énergétique et carbone, de l'extraction des matières nécessaires à sa fabrication jusqu'à sa destruction en passant par son utilisation. Cela doit inclure l'ensemble des déplacements des matières premières pour son conditionnement ou sa transformation jusqu'à sa place en rayons.

– Le pourcentage de matières non recyclables/non réutilisables.

– La liste des pays impliqués dans sa fabrication : pays d'extraction des matières premières, pays de transformation de ces matières et pays d'assemblage.

En complément de ces informations directement accessibles sur les emballages, on doit disposer d'une application « neutre », ni commerciale ni issue d'associations militantes, qui livre des données complémentaires sur le produit par simple scan du code-barres :

– Utilisation des ressources en eau (de l'extraction à la destruction).

– Utilisation des surfaces agricoles et ressources biologiques ayant permis sa production.

– Parts du produit non recyclable ou non dégradable à court terme, de matière plastique et de matières rares dont les ressources sont limitées.

Ainsi que des informations sociales :

– Pays d'extraction, de production ou d'élevage.

– Salaire moyen et niveau de vie moyen dans ces pays.

– Coût d'achat de la matière première.

Et des informations complémentaires pour les produits alimentaires :

– Informations nutritionnelles déjà présentes sur les emballages.

– Conditions de culture ou d'élevage.

– Conditions et mode d'abattage ou de pêche pour les animaux.

– Utilisation de produits chimiques, d'antibiotiques et autres produits non naturels.

Toutes sont connues par les fabricants puisqu'elles leur permettent de déterminer le coût de leurs produits. Elles ne sont donc pas difficiles à imposer. Un fabricant qui se déclarerait incapable de le faire serait de mauvaise volonté ou n'aurait aucun contrôle sur ses intermédiaires. Dans ce cas-là, ses produits ne devraient tout simplement plus être vendus.

Recherche

Il est très important d'ouvrir en *open source*, c'est-à-dire gratuites et accessibles, les publications scientifiques des chercheurs et des organismes qui reçoivent de l'argent public. Cet accès à la science est très discuté, par crainte entre autres de l'incapacité du public à comprendre ces travaux parfois très techniques, et de mal en interpréter et utiliser les résultats. J'assimile un peu cela à l'époque où la Bible n'était publiée qu'en latin et des combats contre l'idée qu'elle puisse être écrite en langue commune, ce qui était farouchement condamné. Le postulat était là aussi l'incapacité du peuple à comprendre le message de la Bible. Nous ne devons jamais présumer de qui comprendra une donnée et utilisera à bon escient les données scientifiques. Les découvertes et la publication de ces recherches font partie du patrimoine commun de notre humanité.

Engagements entrepreneuriaux et citoyens

Chaque citoyen a en main une réelle capacité d'action et est beaucoup plus influent que nous le pensons souvent. Mais agir seul n'est pas toujours facile. Aussi, je rêve d'un site Internet où chacun pourrait y inscrire un engagement dans un domaine. Par exemple, je consomme 1 100 kWh par an[1]. Je m'engage à consommer 1 000 kWh l'an prochain. Un suivi mensuel permet de savoir où l'on en est de son objectif, en lien avec des pairs qui sont là pour soutenir la démarche en proposant des solutions. Des récompenses pourraient être prévues en cas de

1. Moyenne nationale en France.

réalisation de l'objectif, qui est en soi déjà une belle démonstration de volonté.

Des émotions grâce aux liens avec la nature

Aucune décision ne se génère sans émotions. Des émotions qui naissent plus difficilement sans contact réel avec les éléments. Comment vouloir protéger une forêt si l'on n'a jamais vu un arbre par exemple ? Cette question doit conduire les politiques en matière d'éducation et d'urbanisme notamment et à tous les niveaux. Plus de 70 % de la population mondiale vit dans des villes, chiffre en augmentation constante. Opérer un retour massif à la campagne est une illusion impossible, qui serait par ailleurs terriblement destructeur pour l'espace naturel. Il faut donc amener la nature à la ville. J'ai été très choqué de voir à Paris la transformation des places de la République et de la Bastille pour y réduire la circulation. Que du béton ! C'est affligeant, alors que les informations ne manquent pas pour démontrer l'importance de la végétalisation urbaine. Bien sûr, c'est un peu plus facile à entretenir. Mais nous devons décider ce que nous voulons pour nos enfants. Un monde minéral sans avenir ou une vision certes cadrée de la nature, qui ouvre vers de nouveaux horizons.

Il est essentiel que les villes se végétalisent et que les campagnes ne se minéralisent pas plus. Une végétalisation qui doit passer par des lois. Toute nouvelle surface de construction dans les villes de plus de 4000 habitants doit générer la création d'un espace vert d'une surface au moins équivalente. Les écoles également doivent se végétaliser puisque c'est là que l'on enseigne le lien avec la vie. C'est le minimum nécessaire pour redynamiser l'espace naturel dans les espaces urbains et auprès des populations.

Référendum

L'expression citoyenne est une manière d'affirmer des besoins et correspond à la nécessité de contrepouvoir et de participation à la vie publique. Si les manifestations peuvent avoir leur utilité, elles n'apportent pas souvent les résultats escomptés, lorsqu'elles ne deviennent pas contreproductives. L'exemple des Gilets jaunes en France ou les espoirs déçus des Printemps arabes ont montré les limites de l'action collective pour faire changer les choses en profondeur. Une société est une somme d'individus et il n'est jamais bon que quelques personnes, parce qu'elles ont plus de pouvoir ou plus de moyens de pression, en détiennent tous les composants. C'est pourquoi je suis un fervent défenseur du principe du référendum populaire. Il n'est pas question de remettre systématiquement en cause les équipes élues démocratiquement, ni de les empêcher d'agir, mais de donner un moyen au peuple de proposer des orientations et de pouvoir agir en cas de manquements flagrants des élus.

Ces référendums doivent avoir trois règles :

– Pouvoir être présenté par tout individu en possession du droit de vote national dans le pays, ou par des organismes légalement implantés dans le pays.

– Obtenir un nombre de signatures suffisant selon l'échelle du référendum. Il semble raisonnable de dire que 2 % de la population totale d'une nation doit suffire pour pouvoir déposer une proposition et initier un vote national sur la question. En Suisse, le pays où le système référendaire est le plus abouti, 0,7 % de la population est nécessaire.

– Donner lieu à une votation souveraine. À savoir que le résultat doit être appliqué pour une durée minimale qui ne peut être remise en cause.

Service citoyen

Au-delà de la proposition de 4 heures par semaine pour l'environnement et la société, un service citoyen, qui devrait être européen, réservé à des actions environnementales et sociales, d'une durée d'un à trois mois, pourrait être instauré. Il a plusieurs avantages, dont celui de réunir jeunes femmes et hommes autour de projets communs en prônant le rassemblement et en faisant se rencontrer des personnes de toutes les régions.

Protection des espèces

La 15e Conférence des parties de 2021 (COP15) en Chine doit déterminer de nouveaux accords sur la biodiversité pour enrayer la sixième extinction de masse des espèces en cours actuellement. L'occasion de réaffirmer l'acceptation de l'espace sauvage comme un bienfait et non comme un domaine à conquérir. Pour sécuriser les espèces protégées, il est nécessaire que la « jurisprudence » sur les ours polaires du Spitzberg doit s'appliquer partout : si un animal protégé est tué, une enquête criminelle doit être diligentée et les coupables poursuivis pour crime contre l'humanité, destruction d'espèces en voie de disparition. Et particulièrement les commanditaires.

La souffrance animale doit être mieux encadrée. Il n'est pas aberrant de penser que si cela avait été le cas, si les animaux sauvages avaient été respectés comme il se doit, nous aurions pu éviter la

Covid-19. Ce n'est donc pas anodin et c'est un argument supplémentaire pour que des règlements internationaux soient mis en place et respectés.

Il faut appuyer, comme évoqué en 2011, le principe d'une force internationale de « casques verts » dont le rôle est de faire respecter les règles et de régler les conflits environnementaux. Car si un Jair Boslonaro est en droit de dire que la forêt amazonienne lui appartient puisque sise sur son territoire, il oublie que la biodiversité n'est plus une question de frontière, mais de bien commun pour la planète.

Industrie et développement technologique

Au-delà de l'environnement, la valorisation sociale avec moins d'inégalités dans le monde est indispensable. Chaque pays est souverain, mais nous utilisons trop facilement les faiblesses en matière de protection sociale dans les pays en développement. C'est une responsabilité qui nous incombe, en tant qu'acheteur dans ces pays, et plus encore en tant qu'entrepreneur.

Les industries qui s'installent dans des pays en développement, ou qui y engagent des intermédiaires, doivent assumer la responsabilité de bonnes conditions de travail pour les employés : salubrité, salaires décents, horaires respectueux de la santé, repos adapté, âge des employés, Sécurité sociale… Une règle simple doit s'appliquer : les principes sociaux des pays commanditaires doivent être appliqués en réciprocité dans les pays de production par les entreprises. Les salaires doivent être décents et en corrélation avec le niveau de vie du pays afin d'éviter des distorsions délétères entre les populations. Nous devons assumer de payer le juste prix de nos produits. Un T-shirt vendu 3 euros ne peut être produit sans que toutes les personnes qui le fabriquent – teinturiers, coupeurs, assembleurs, transporteurs – ne soient rémunérées à des tarifs justes.

Cette obligation sociale pourrait par ailleurs naturellement permettre le retour de production dans les pays consommateurs, favorisant les circuits courts et l'environnement via des normes mieux surveillées.

Il est également indispensable que les possibilités de recyclage soient conceptualisées au moment de la modélisation et de la fabrication d'un produit, et que le coût de ce recyclage soit inclus dans le prix de vente. Ces solutions techniques doivent systématiquement être mises en place dans les pays d'exportation dès la signature des accords de vente, avec la formation et les ressources nécessaires.

Évaluation des risques environnementaux selon les apports des nouvelles technologies étendues

Les innovations peuvent être un bienfait, et certaines très utiles à l'amélioration des conditions environnementales et de vie. Cependant, il faut en évaluer systématiquement les impacts écologiques et sociologiques par rapport aux contributions/avantages réels d'une nouvelle technologie, et de l'intérêt de son utilisation. C'est d'ailleurs en ce sens que le principe de précaution a été pensé.

Il est, par exemple, intéressant d'opérer un moratoire sur la 5G. Non en raison de prétendues ondes qui provoqueraient la Covid-19 selon les pires théories du complot, mais au vu de ce que nous apportera réellement la 5G, puis la 6G – déjà en cours d'essais en laboratoire. Nos mails ne sont-ils pas déjà envoyés assez vite ? Nos films ne se téléchargent-ils pas suffisamment rapidement ? La Bourse est-elle freinée pour lancer plusieurs milliers d'opérations à la seconde ? La 4G permet déjà tout cela. Notre vie va-t-elle être sensiblement améliorée avec la 5G et le vivant mieux protégé ? Cette augmentation de la puissance et de la vélocité n'a qu'un avantage : offrir l'accès à l'autonomie des machines. Voitures autonomes, frigos qui commandent à notre place, télévision qui sait avant vous ce que vous allez regarder… Est-ce là le monde dont nous rêvons ? Si oui, alors banco pour la 5G. Mais vu les évolutions qu'elle prévoit ensuite de nous apporter, il me semble qu'il y a là un excellent sujet pour un référendum populaire. Les citoyens doivent pouvoir s'exprimer sur un tel enjeu de société.

Cela implique un autre besoin dont nous ne pouvons pas repousser le questionnement. Peut-être le plus important. Jamais, à aucun moment, nous ne devons laisser la décision finale à des machines, aussi intelligentes soient-elles. Elles sont des aides, mais elles ne doivent pas avoir la capacité de prendre des décisions à la place des humains. Cette crise l'a montré : auriez-vous accepté le confinement si une machine vous l'avait imposé à l'aune d'algorithmes que vous ne connaissez pas ? Accepté que le tri à l'entrée des hôpitaux soit fait par un robot préprogrammé, sans émotion ? Ce n'est pas le cas. Les humains commettent des erreurs, c'est certain, mais ils assurent aussi que les émotions, la sensibilité ou les coups de génie permettent soudain de trouver des solutions peu imaginables. Ils offrent un sourire, un geste amical, quand tout paraît perdu. Et ils essaient, encore une fois. Quoi qu'il arrive. Et c'est pour cela que je préférerai toujours être soigné par un humain, même perfectible et parfois bourru, que par une machine capable d'envoyer le résultat de mes analyses plus vite que le son, mais dont la décision sera prise non pas selon ce que je suis en tant qu'être humain émotif, mais en fonction du tas de cellules plus ou moins malades que je représente…

11. Allons-y

Qu'avons-nous désormais comme certitude ? Aucune sans doute. Les économistes prédisent encore les cours financiers et l'évolution de la population dans quelques décennies, les entreprises planchent sur leurs plans quinquennaux. Cela nous rassure. Cela nous offre un cadre. Pendant ce temps, plus d'un million de vidéos et plus encore de pages soutiennent que la Terre est plate. Des milliers de médecins plus ou moins crédibles et des millions de personnes publient assidûment de la propagande antivaccins et contre les masques, qui seraient prévus pour nous asservir à un ordre supérieur. La construction de bunkers a explosé au Canada en prévision du grand effondrement, pendant que d'autres personnes, amères, l'attendent avec une délectation morbide pour enfin laisser notre belle planète en paix. Après l'avoir tant agressée, il n'y aurait donc que nous pour la sauver, soit en disparaissant, soit en changeant tout et tout de suite ?

Nous parlons beaucoup de ces visionnaires obscurs qui ont déjà condamné nos chances de réussite ainsi que des complotistes dont l'unique talent est de savoir faire le buzz. Nous faisons leur jeu. Les médias les scrutent et les mettent en lumière. Ils font parler, quand nous nous affligeons et commentons leurs publications sur les réseaux sociaux en espérant les voir changer. Ils occupent l'espace de discussion en jouant sur nos peurs, réclamant le changement sans apporter de solutions. Ils sont pourtant bien peu nombreux par rapport à la population mondiale. Car à côté de cela… Des millions de personnes, de bonne volonté, agissent, souvent dans l'ombre, pour que les choses avancent et évoluent. Et des milliards d'autres espèrent, sans toujours savoir que faire, noyés d'informations trop souvent contradictoires, sans parvenir à déterminer à qui faire confiance. Mais prêtes à se mettre en mouvement si une direction leur est donnée par celui ou celle qui saura leur inspirer confiance. Oui, cette « armée de l'ombre » est là, bien présente, ni constituée de « moutons » et encore moins « d'imbéciles », mais de femmes et d'hommes qui aspirent à être heureux, à rire encore, suffisamment libres de leurs actes et décisions, mais conscients qu'il faut changer. Qu'allons-nous leur offrir comme vision pour qu'elles, qu'ils, aient envie de se mettre en ordre de marche ? Et que sera ce « monde d'après » si souvent annoncé ? J'ai participé à bien des conférences en tant qu'intervenant ou auditeur pour le décortiquer, le réfléchir, l'offrir comme un cadeau à celles et ceux qui doutent. Le voilà. C'est LUI qu'il faut construire. Et je dois bien l'avouer. Je ne sais pas plus qu'avant ce qu'il sera. Ni même doit être. Je suis devant cette immense carte riche de lignes et de courbes qui s'effacent plus souvent qu'elles ne sont claires et définies, laissant vide d'informations la plus grande partie du planisphère. Et j'ai l'impression que tout est possible.

J'ai plusieurs fois entendu que la Covid-19 était une chance. Je ne le pense pas. Je ne crois pas que la destruction, les impacts d'une rare violence au-delà de la maladie elle-même, soient une chance. Mais c'est assurément un tournant et une opportunité. Car sur cette carte où nous avions un peu facilement tendance à tracer des lignes droites, très sûrs de nous et de nos aptitudes, nous réalisons que nous allons devoir accepter les courbes, les circonvolutions, les croisements, les retours en arrière et quelques ronds. Il va falloir se réinventer. Il n'y a que deux choses que nous n'avons pas :

– Une gomme pour effacer le passé. Nous devons le prendre tel qu'il est, ainsi que notre présent. Et la possibilité de ne rien faire en restant à l'état actuel. Nous devons accepter de tenter le trajet sans avoir les informations suffisantes, sans connaître le chemin ni pouvoir être sûrs d'y trouver quelque chose.

– Un GPS ou but défini, un guide ou des personnes qui en seraient revenus pour apporter des bribes d'information à même d'affiner nos desseins imaginaires.

Ce que nous avons à notre disposition ? Les faits d'aujourd'hui, quelques intuitions et notre vision, notre imaginaire. Celui qui doit nous permettre de jeter nos idées sur les taches blanches de notre carte du futur afin de nous donner une direction plus qu'un trajet, un espoir plutôt qu'un but. Sans ce dessein, cette projection volontaire, aucun départ n'est possible. Non, l'avenir n'est pas tracé. Nous devons en dessiner quelques croquis qui nous semblent raisonnables et intéressants. Et avancer vers lui. Qu'ils soient justes ou faux n'a pas d'importance finalement. L'essentiel est qu'ils nous permettent le premier pas. L'élan qui nous pousse en avant. Nous connaissons les histoires des quelques personnes qui ont réussi. Parfois de celles qui ont échoué. Mais nous ne connaissons jamais les histoires des innombrables personnes qui ne sont pas parties, qui n'ont jamais essayé.

C'est ce que nous devons faire. Parce que, à chaque fois que quelqu'un abandonne, se dit que ce n'est plus possible, que le temps est trop court, la mission impossible, c'est une chance qui s'éteint, une étincelle de moins pour illuminer le vide obscur. Nous ne devons pas laisser nos étincelles s'éteindre. Chacune d'elles est importante pour baliser notre route.

Alors, posons-nous plutôt cette question. Qu'ai-je envie de dessiner ? Un gribouillage noir et anxiogène qui ne laisse aucune place au rêve ? Ou un espace du possible où nous avons une chance de trouver notre place tout en laissant la sienne au reste de la nature. Un espoir. Une envie. Cet émerveillement de savoir qu'il n'y a pas que l'effondrement comme option, mais un monde pour lequel j'ai envie de m'engager, de faire ce premier pas, et de me battre. Émerveillement. C'est le mot. Puisque ce sont nos émotions qui sont prédictrices de nos décisions… Autant qu'elles soient aussi positives que possible. Autant qu'elles nous donnent envie. Qu'elles nous émerveillent.

Je ne connais personne qui se bat pour la mort et la certitude de l'impossible. Mais j'ai vu des exploits impossibles être réalisés par des collectifs humains qui refusaient obstinément l'inéluctable. Quoi que vous fassiez, où que vous soyez, trouvez les raisons de vous émerveiller, l'amour qui vous conduit, qui vous donnera envie de le protéger. Et de vous battre pour lui.

Cela fait plus de cinquante ans que nous attendons pour le faire en matière d'environnement et en partie de projet social. Ce que ce virus vient de nous offrir, c'est la démonstration que nous devons être prêts à changer, à nous réinventer complètement pour faire face à ces drames, pour les éviter en réduisant le risque de leur survenance. Les risques du futur sont déjà là, mais nous ne savons pas encore les voir. Nous devons apprendre de ce petit SARS-CoV-2. Il n'a pas fini son œuvre quoi qu'on en dise. La Covid-19 continue d'ailleurs d'alimenter chaque jour la une des journaux et nos discussions. Mais nous n'avons pas besoin d'attendre la fin pour savoir ce que nous devons faire : essayer. Parce que c'est en soi merveilleux de le faire. Dans cent ans, nous serons toujours là pour raconter l'histoire et l'avenir. Ou non. Mais dans les deux cas, nous devons savoir que nous aurons fait tout notre possible. Et cela commence aujourd'hui pour chacune et chacun d'entre nous. Alors si nous prenions nos crayons, que nous posions quelques idées sur ces *terrae incognitae* du futur ?

Et que nous nous mettions en mouvement pour les rendre possibles…

Chronologie de la crise sanitaire

Λ Contaminé / † décédé[1]

Dates	Événements	Contaminé/décès dans le monde
1918-1919	Pandémie de grippe A dite « espagnole ». Trois vagues dont la seconde à l'automne fut la plus meurtrière.	† Entre 20 et 50 millions de décès
1981 à nos jours	Début de l'épidémie du sida provoquée par le virus HIV	† Plus de 50 mllions de décès
2002-2004.	Épidémie du SRAS, provoquée par le coronavirus SARS-CoV-1 dès novembre 2002 dans la province du Guangdong, en Chine. Premier coronavirus mortel.	† 774 dans 30 pays
2009-2010	Épidémie de grippe A (H1N1) dite grippe porcine.	† 18036 dans 136 pays
2012	Épidémie du MERS en Arabie saoudite, 2e coronavirus mortel connu, le MERS-CoV.	† 823 dans 20 pays
2012-2019	De nombreux pays, dont la France et la Suisse, commencent à réduire leurs réserves stratégiques de masques.	

1. L'OMS a commencé à diffuser des rapports de situation quotidienne liés à la crise du Covid-19 à compter du 21 janvier 2020.

30/09/ 2017	L'institut de virologie de Wuhan redoute de nouveaux SRAS après cinq ans d'études sur les chauves-souris.	
Entre août et novembre 2019	Débuts probables (mais non prouvés) de l'épidémie du Covid-19.	

Décembre 2019

16	Premier cas officiel du virus Covid-19 selon l'OMS : une femme est admise pour une pneumonie à Wuhan.	Λ 1
21	Un foyer de pneumonie virale est identifié à Wuhan sur quatre cas de pneumonie virale suspects.	
27	[CN] Un laboratoire de Guangzhou, VisionLabs, séquence le génome. Il s'apparente au SARS-CoV-1.[Europe] Premiers cas suspects de pneumonie grave identifiés.	
30	Li Wenliang transmet l'information à une centaine de médecins par WeChat de sept cas de malade ressemblant au virus SARS-CoV-1 à Wuhan. Gao Fu, le directeur du Centre chinois de détection des nouvelles maladies, apprend ainsi l'existence d'un foyer à Wuhan.	
31 décembre	L'OMS demande à Pékin une explication sur 27 cas, dont 7 graves, d'épidémie de pneumonie virale d'origine inconnue.	Λ 27 officiels

Janvier 2020

1er	[CN] Fermeture du marché aux fruits de mer de Huanan, à Wuhan.	Λ 41 (CN)
3	Pékin répond à l'OMS : il y a bien des cas de pneumonie inexpliqués.	

9	Premier décès officiel d'un malade de la Covid-19 hospitalisé depuis le 27 décembre.	† 1
10	L'OMS publie des orientations techniques à l'intention des pays. Les données alors disponibles laissent penser qu'« il n'y a pas de transmission interhumaine ou que celle-ci est limitée ».	
12	La Chine partage le séquençage génétique du nouveau virus. L'OMS remercie la Chine pour sa réponse sanitaire et le partage rapide du séquençage.	† 1
14	[FR] La France commence à envisager l'arrivée de l'épidémie sur son sol. Le ministère de la Santé alerte les agences régionales de santé.	
20	[CN] La Chine annonce que le virus est transmissible entre humains. Wuhan, 11 millions d'habitants et premier foyer de l'épidémie, est placée en confinement.	Λ 282 (278 CN, 2 THA, 1 JPN, 1 KOR) † 6
21	[CN] La Chine annonce enfin l'épidémie à sa population ! Premiers cas officiels en Europe et aux États-Unis.	Λ 282 † 6
22	L'OMS publie une déclaration indiquant que des données probantes attestent d'une transmission interhumaine.	
23	[CN] Pékin confine entièrement Wuhan.	Λ 581 (dont 571 en CN) † 7
24	[CN] Toutes les provinces chinoises sont touchées. [FR] 3 premiers cas sont recensés en France. « Le risque d'importation est pratiquement nul », déclare Agnès Buzyn, ministre de la Santé.	Λ 800 malades † 27
30	**L'OMS qualifie l'épidémie d'urgence de santé publique** : le virus a une contagiosité élevée et un potentiel pandémique plus important que le SRAS de 2002-2003.	Λ 7 818 † 1 70

31	[FR] Premiers rapatriements d'expatriés français en Chine. [IT] Deux touristes chinois sont testés positifs pour le SARS-CoV-2 à Rome. L'Italie déclare l'état d'urgence sanitaire.	Λ 9 826 (hors CN- 19 pays : Λ 106) † 213

Février 2020

7	Li Wenliang, le lanceur d'alerte forcé de signer un démenti sous peine d'être emprisonné, décède de la Covid-19. L'effet est énorme en Chine.	Λ 31 481 (hors CN -24 pays : Λ 270) † 638
14	**L'OMS qualifie la Covid-19 de pandémie mondiale.** L'Afrique rapporte à son tour son premier cas en Égypte. [FR] Premier mort officiel sur le sol français.	Λ 49 053 † 1 383 (hors CN : † 2)
15	[FR] Une grande messe à Mulhouse propage massivement le virus.	Λ 50 580 † 1 524
22	[IT] L'Italie confine 11 villes de Lombardie. Jusqu'alors, seuls 2 décès pour 60 cas confirmés étaient relevés dans la population italienne.	Λ 77 794 † 2 359 (hors CN-28 pays : Λ 1 402 ; † 11)
25	**La *revue Science* qualifie désormais le virus d'inarrêtable.** [FR] Le professeur Didier Raoult déclare, dans une vidéo « la fin de partie pour le virus », grâce à l'hydroxychloroquine. La Covid-19 « est probablement l'infection respiratoire la plus facile à traiter ».	Λ 80 239 † 2 700 35 pays
28	Une étude, publiée dans *The New England Journal of Medicine*, précise les caractéristiques de la Covid-19 : c'est loin d'être une « grippette ».	Λ 85 403 - 53 pays † 2 924
29	Premier décès aux États-Unis.	

Mars 2020

5	Report à octobre du Marathon de Paris prévu le 5 avril.	
6	[FR] Le président **Macron** déclare que « la vie continue » en allant au théâtre. Le **Dr Christophe Prudhomme**, porte-parole de l'Association des médecins urgentistes de France, déclare sur LCI : « On est un certain nombre de médecins à penser que la surréaction politique risque d'être plus grave que la maladie ».	Λ 98 192 ; † 3 380 88 pays
10	[IT] **L'Italie décide un confinement total** de sa population (9 000 infections et 463 morts). [FR] France : 1 200 cas et 30 morts.	Λ 113702 † 4012 110 pays
12	[FR] Fermeture des écoles et universités, mais maintien des élections municipales.	Λ 125260 ; † 4613 118 pays
14	L'OMS déclare l'Europe comme le nouveau centre de la pandémie.	Λ 142534 ; † 5392 134 pays
16	L'OMS enjoint à tester, tester, tester. [FR] Macron annonce le confinement national. [Europe] La Commission européenne recommande aux États « d'appliquer une restriction temporaire aux déplacements non essentiels en provenance des pays tiers vers la zone UE+ ».	Λ 167515 ; † 6606 151 pays
17	[FR] À midi, **la France se confine** (7700 cas confirmés, 175 décès). [CN] La Chine annonce qu'aucun nouveau cas n'a été décelé. [Europe] L'Union européenne ferme ses frontières extérieures. **Report de l'Euro de Football à 2021.**	Λ 179111 ; † 7426 FR : Λ 6573 ; † 148 159 pays

24	[IN] **Narendra Modi confine 1,3 milliard d'Indiens.** 3 milliards de personnes sont confinées sur la planète soit 40 % de la population mondiale. [CN] La Chine commence à lever les restrictions. Les usines recommencent à tourner à Wuhan. **Annulation des Jeux olympiques de Tokyo** prévus en juillet.	Λ 372755 ; † 16231 FR Λ 19615 ; † 860 IN Λ 434 ; † 9
30	Coût du baril de pétrole au plus bas depuis 2003. Passe sous 0 dollar.	Λ 693282 ; † 33106

Avril 2020

2	**La moitié de l'humanité est confinée.**	Λ 896475 † 45529
	Plus d'1 million de contaminés et plus de 50 000 morts.	Λ 1051697 ; † 56956
8	[CN] Levée du confinement à Wuhan (78 jours, environ † 3800).	Λ 1353361 ; † 79235

Mai 2020

11	[FR] La France entame son déconfinement, le port du masque est obligatoire dans les transports publics, « jusqu'à la découverte d'un vaccin » selon la ministre de la Transition écologique et solidaire, Élisabeth Borne.	Λ 4006257 ; † 278892
14	Le FMI annonce une récession mondiale historique.	Λ 4248 389 ; † 249046
29	Donald Trump annonce que les **États-Unis mettent fin à leurs relations avec l'OMS**, qui serait contrôlée par la Chine. Il suspend également l'entrée de ressortissants chinois à « risque » pour la sécurité des États-Unis.	Λ 5701337 † 357688

Juin 2020

4	L'étude anglaise *Recovery* cesse les tests sur l'hydroxychlorquine, estimant la molécule inefficace.	Λ 6416828 † 382867
14	[CN] Une « deuxième vague » est annoncée à Pékin.	Λ 7690708 ; † 427630
15	Plusieurs pays, dont les États-Unis et la France, retirent l'autorisation de l'hydroxychloroquine à la suite d'une étude contestée de la revue *The Lancet.*	Λ 7823289 ; † 431541
17	L'OMS annonce arrêter les essais cliniques sur l'hydroxychloroquine en tant que traitement Covid-19.	Λ 8061550 ; † 440290
29	La barre des 10 millions de personnes contaminées et 500 000 victimes est dépassée. 188 pays touchés. La France : 12e en contamination et 5e en nombre de décès. Le laboratoire Gilead annonce le prix de son antivirus Remdesivir : 390 dollars par dose, soit 2 340 dollars le traitement pour les pays développés.	Λ 10021401 ; † 499913
30	L'OMS modifie la chronologie des événements : ce n'est pas la Chine qui a alerté l'OMS le 31 décembre 019, mais l'OMS qui a fait une demande d'information avec réponse le 3 janvier 020.	Λ 10185374 ; † 503862

Juillet 2020

1er	[Europe] Presque tous les pays d'Europe ont imposé le port du masque aux populations, parfois avec amende sévère (Allemagne) en cas de non-respect. Réouverture des frontières intérieures de l'UE + 14 pays hors espace Schengen (cette dernière mesure étant refusée par certains pays, comme la Belgique et la Hongrie).	Λ 10 357 662 ; † 508 055 DE Λ 194 725 ; † 8 985 FR Λ 157 194 ; † 29 760
1er au 4	Plusieurs pays confinent de nouveau localement en raison de recrudescence des contaminations : Espagne, Portugal, Allemagne, États-Unis, Chine, etc.	
7	[CN] La Chine place la Mongolie intérieure en quarantaine et les pays limitrophes ferment leurs frontières en raison de trois cas de « maladie de la marmotte », la peste bubonique.	Λ 11 500 302 ; † 535 759
14	[GB] Port du masque obligatoire dans les commerces à partir du 24. [FR] Emmanuel Macron annonce le port du masque obligatoire dans les lieux publics clos à compter du 1er août, avancé au 20 juillet. [IN] L'État indien du Bihar (120 millions d'hab.) et la ville de Bangalore (13 millions d'hab) se confinent de nouveau. [CO] Reconfinement de Bogota et Medellín en Colombie.	Λ 12 964 809 ; † 570 288
30	[US] Annonce d'une chute historique du PIB américain : -32,09 % au deuxième semestre. Donald Trump évoque un possible report de l'élection présidentielle pour limiter la propagation du virus.	Λ 16 812 763 † 662 095 (US Λ 4 323 160 † 148 640)
31	[FR] Le ministre de la Santé et des Solidarités, Olivier Véran, annonce que « les préfets pourront désormais par arrêté étendre l'obligation de port du masque aux lieux publics ouverts ».	Λ 17 106 007 † 668 910 FR Λ 174 648, † 30 136

Août 2020

2	[VE] Le président vénézuélien, Nicolas Maduro, ordonne une quarantaine stricte nationale. Plusieurs journalistes, publiant des chiffres sur la Covid-19, sont arrêtés pour « incitation à la haine ». [AU] L'État de Victoria décrète un état de catastrophe et impose un confinement avec couvre-feu à Melbourne, 2e ville d'Australie.	Λ 17 660 523 † 680 894 VE Λ 18 574 ; † 459
7	Une étude de *Science Advances* démontre que les masques chirurgicaux sont les plus efficaces contre la propagation du virus.	Λ 18 902 735 † 709 511
10	[FR] 1 400 communes en France imposent le masque à l'extérieur, dont Paris et prolongation jusqu'au 30 octobre de l'interdiction des rassemblements de plus de 5 000 personnes. [IR] Un officiel iranien accuse Téhéran de dissimuler le bilan de la Covid-19, causant la fermeture du quotidien où il s'exprimait (*Jahan-é Sanat*). [VN] Plusieurs décès au Vietnam depuis le 1er août, qui était auparavant une des exceptions « zéro décès ».	Λ 19 718 030 † 728 013 FR Λ 185 353 ; † 30 201 ; VN Λ 841, † 13)
11	[RU] Vladimir Poutine annonce que la Russie aurait développé le premier vaccin, avec une « immunité durable » prévu dès janvier 2021. Selon l'OMS, 26 candidats-vaccins sont en phase d'essais cliniques sur 167 à l'étude.	Λ 19 936 210 † 732 499 (RU Λ 897 599, † 15 131 ;
	Au cours des mois d'août et de septembre, de nouvelles des règles de plus en plus restrictives recommencent à être édictées un peu partout en Europe et dans le monde (Nouveaux confinements (Australie, Israël, Nouvelle-Zélande...), limitation des déplacements entre pays, de réunions, port du masque, …) en raison de l'augmentation des chiffres de contamination (malgré une faible mortalité). Les virus SARS-Cov-2 et de la peur poursuivent leurs proliférations…	

Sources bibliographiques

Chapitre 1

Adaptation Institute : https://adaptation-institute.com

Institut du cerveau : https://icm-institute.org

CERMES3 (Centre de recherche médecine, sciences, santé, santé mentale, société) : www.cermes3.cnrs.fr/fr

John Hopkins Institute : https://coronavirus.jhu.edu/map.html

Worldometers : https://www. worldometers.info/coronavirus

Coronavirus Government Response Tracker : www.bsg.ox.ac.uk/research/research-projects/coronavirus-government-response-tracker

Situation Reports de l'OMS : www.who.int/emergencies/diseases/novel-coronavirus-2019/situation-reports

Plan Pandémie grippale n° 150/SGDN/PSE/PPS du 20 février 2009

Rapport d'information du Sénat n° 625 du 15 juillet 2015.

Règlement sanitaire international de 2005 : https://www.who.int/ihr/about/faq/fr

Données de l'OCDE sur les lits d'hôpitaux : https://data.oecd.org/fr/healtheqt/lits-d-hopitaux.htm

Sur l'Imvanex, European Medecines Agency : www.ema.europa.eu/en/medicines/human/EPAR/imvanex

TED de Bill Gates : « La prochaine épidémie. Sommes-nous prêts ? », 2015 : https://www.ted.com/talks/bill_gates_the_next_outbreak_we_re_not_ready?language=fr#t-66981

Sur le H1N1 : "Pandemic (H1N1) 2009 – update 100", OMS : https://www.who.int/csr/don/2010_05_14/en

– "Estimated global mortality associated with the first 12 months of 2009 pandemic influenza A H1N1 virus circulation : a modelling study", Dr Fatimah S. Dawood, MD, June 26, *The Lancet*, 2012.

– "Tracking Changes in SARS-CoV-2 Spike, "Evidence that D614G Increases Infectivity of the COVID-19 Virus. Cell", Korber, B et *al.* 182(4), 812-827.e19 : https://doi.org/10.1016/j.cell.2020.06.043

À voir sur https://www.youtube.com/watch?v=disY4U4NPxs

Chapitre 2

OMS, « Barème des contributions pour 2020-2021 » : https://apps.who.int/iris/bitstream/

handle/10665/329340/A72_R12-fr.pdf?sequence=1&isAllowed=y
– « Nouveau coronavirus – Chine. Bulletin d'information sur les flambées épidémiques du 12 janvier 2020 », OMS : https://www.who.int/csr/don/12-january-2020-novel-coronavirus-china/fr

Sur Jair Bolsonoaro : « Salauds, (gouverneurs) de merde » : une vidéo hallucinante de Bolsonaro ! : www.facebook.com/watch/?v=1545138145652057
– « Cour pénale internationale. Bolsonaro accusé de génocide pour sa gestion de la pandémie » : https://www.courrierinternational.com/article/cour-penale-internationale-bolsonaro-accuse-de-genocide-pour-sa-gestion-de-la-pandemie

Sur la Suède : "We should have done more, admits architect of Sweden's Covid-19 strategy", *The Guardian*, https://www.theguardian.com/world/2020/jun/03/architect-of-sweden-coronavirus-strategy-admits-too-many-died-anders-tegnell

« **Baromètre Ipsos Covid-19** : près de 9 Français sur 10 inquiets d'une reprise de l'épidémie après le déconfinement » : www.ipsos.com/fr-fr/barometre-covid-19-pres-de-9-francais-sur-10-inquiets-dune-reprise-de-lepidemie-apres-le

Avis n° 8 du Conseil scientifique Covid-19 : « Se préparer maintenant pour anticiper un retour du virus à l'automne », https://solidarites-sante.gouv.

fr/IMG/pdf/avis_conseil_scientifique_27_juillet_2020.pdf

Sur Didier Raoult : "A Giant Virus in Amoebae", B. La Scola, D. Raoult, Science, 28 mars 2003 : Vol. 299, Issue 5615, p. 2033

– « Didier Raoult étrille le Conseil scientifique et la stratégie de tests » : www.huffingtonpost.fr/entry/didier-raoult-etrille-le-conseil-scientifique-et-la-strategie-de-tests-de-la-france_fr_5ef378f1c5b615e5cd37e7c3

Sur l'hydroxychloroquine : Jianjun Gao, Zhenxue Tian, Xu Yang, "Breakthrough : Chloroquine phosphate has shown apparent efficacy in treatment of Covid-19 associated pneumonia in clinical studies", *BioScience Trends*. 2020 ; 14(1) : 72-73 2020 Feb 2020

– Une autre étude, *in vitro* cette fois : "Remdesivir and Chloroquine effectively inhibit the recentlyemerged novel coronavirus (2019-nCoV) *in vitro*" publiée dans *Nature* le 4 février 2020 et Plus de 600 patients new-yorkais ont-ils été guéris du Covid-19 en mars grâce à l'hydroxychloroquine ?, *Checknews Libération* : https://www.liberation.fr/checknews/2020/04/03/plus-de-600-patients-new-yorkais-ont-ils-ete-gueris-du-covid-19-en-mars-grace-a-l-hydroxychloroquine_1784084

– "Hydroxychloroquine or chloroquine with or without a macrolide for treatment of COVID-19 : a multinational registry analysis", article du Lancet, dont les auteurs se sont rétractés : https://www.

thelancet.com/journals/lancet/article/PIIS0140-6736(20)31180-6/fulltext et « The Lancet annonce le retrait de son étude sur l'hydroxychloroquine » : https://www.lemonde.fr/sciences/article/2020/06/04/hydroxychloroquine-trois-auteurs-de-l-etude-du-lancet-se-retractent_6041803_1650684.html

– « Fin de partie pour la chloroquine », *Futura Santé* : www.futura-sciences.com/sante/actualites/coronavirus-fin-partie-chloroquine-80151

– « Agnès Buzyn et son mari, Didier Raoult et la chloroquine… On a examiné au microscope les 20 affirmations d'un message censé prouver un "scandale d'État" », France Info : www.francetvinfo.fr/sante/maladie/coronavirus/agnes-buzyn-et-son-mari-didier-raoult-et-la-chloroquine-on-a-examine-au-microscope-les-20-affirmations-d-un-message-cense-prouver-un-scandale-d-etat_3891385.html

« **Le coronavirus sort-il d'un laboratoire ?** », vidéo du *Monde* : www.lemonde.fr/sante/video/2020/05/17/le-coronavirus-sort-il-d-un-laboratoire-episode-1-la-these-du-virus-artificiel_6039933_1651302.html

Conspiracywatch : www.conspiracywatch.info/la-carte-des-theories-du-complot-sur-le-coronavirus.html

Sur la place des femmes : Chiffres provenant de trois rapports : 1. « La place des femmes dans les médias en temps de crise », rapport de la députée Céline Calvez, juin 2020. 2. « La représentation des femmes dans les médias audiovisuels pendant l'épidémie de Covid-19 de mars à mai 2020 », CSA « Théma ». 3. « En période de coronavirus, la parole d'autorité dans l'info télé reste largement masculine », étude, INA

– « Rwanda : le pays ou les femmes sont les reines de l'arène politique », RTBF : http://archive.ipu.org/wmn-f/classif.htm ou www.rtbf.be/info/monde/detail_rwanda-le-pays-ou-les-femmes-sont-les-reines-de-l-arene-politique?id=10224837

– "The Global Gender Gap Report", World Economic Forum, 2014 : http://reports.weforum.org/global-gender-gap-report-2014/rankings/

Action Praticiens Hôpital, « Équilibres vie privée/vie professionnelle pour les praticiens à l'hôpital public », 15 mars 2019.

Voyage au cœur d'une implosion, Patrick Lagadec et Laura Bertone, Paris, Éditions d'Organisation, Eyrolles Société, 2003.

Sur Neil Ferguson : "Impact of non-pharmaceutical interventions (NPIs) to reduce Covid-19 mortality and healthcare demand", Neil Ferguson & al., Imperial CollegeCovid-19, Response Team, 16 mars 2020

– « 10 choses à savoir sur Neil Ferguson, l'épidémiologiste que tout le monde écoute face au Covid-19 », *L'Obs*, 9 avril 2020, www.nouvelobs.com/coronavirus-de-wuhan/20200409.OBS27280/10-choses-a-savoir-sur-neil-ferguson-l-epidemiologiste-que-tout-le-monde-ecouteface-au-Covid-19.html et https://www.nature.com/articles/d41586-020-01685-y

The Hoover Institute, « Coronavirus Perspective » : www.hoover.org/research/coronavirus-pandemic

Sur Richard Epstein : « Richard Epstein Strikes Again », Legal Planet, 23 avril 2020 : https://legal-planet.org/2020/04/23/richard-epstein-strikes-again

“A fiasco in the making ? As the coronavirus pandemic takes hold, we are making decisions without reliable data”, Statnews.com, 17 avril 2020 : www.statnews.com/2020/03/17/a-fiasco-in-the-making-as-the-coronavirus-pandemic-takes-hold-we-are-making-decisions-without-reliable-data

Chapitre 3

Sur David Ick et Mi Naima : “Coronavirus : David Icke's channel deleted by YouTube”, BBC News : www.bbc.com/news/technology-52517797

– « Coronavirus. Mi Naïma, youtubeuse, décrète que le virus n'existe pas… Et s'attire les foudres du web », Le 360 : https://fr.le360.ma/societe/coronavirus-mi-naima-youtubeuse-decrete-que-le-virus-nexiste-pas-et-sattire-les-foudres-du-web-211000

Sur le Remdesivir : « La Commission européenne garantit l'accès de l'Union au Remdesivir pour le traitement de la COVID-19 » : https://ec.europa.

eu/france/news/20200729/acces_traitement_remdesivir_fr

Sur Gilead : « Les infectiologues français sont-ils trop proches de Gilead ? », enquête de *Science et avenir*, 2 juillet 2020 : www.sciencesetavenir.fr/sante/enquete-les-infectiologues-francais-sont-ils-trop-proches-de-gilead_145585

Sur l'origine de la maladie : Andersen, K. G., Rambaut, A., Lipkin, W. I., Holmes, E. C., & Garry, R. F. (2020), "The proximal origin of SARS-CoV-2", *Nature Medicine*, 26(4), 450-452

– « Fiche de synthèse sur le coronavirus SARS-CoV-2 à l'origine de la maladie COVID-19 », Institut français de l'éducation, juillet 2020 : http://acces.ens-lyon.fr/acces/thematiques/immunite-et-vaccination/thematiques/virus-et-immunite/dossier-coronavirus/le-nouveau-coronavirus-sars-cov-2

– "Microbiology by numbers" (2011),. *Nature Reviews Microbiology*, 9(9), 628-628 : https://doi.org/10.1038/nrmicro2644

Sur le dégel du permafrost : "Deposition rates of viruses and bacteria above the atmospheric boundary layer", Reche, I., D'Orta, G., Mladenov, N., Winget, D. M., & Suttle, C. A. (2018), *The ISME Journal*, 12(4), 1154-1162 : https://doi.org/10.1038/s41396-017-0042-4

– "In-depth study of Mollivirus sibericum, a new 30,000-y-old giant virus infecting Acanthamoeba",

C. Abergel, J.-M. Claverie, *PNAS*, September 8, 2015
– « Le réchauffement climatique réveille un anthrax en Sibérie », *Futura Sciences*, août 2016 : www.futura-sciences.com/sante/actualites/maladie-rechauffement-climatique-reveille-anthrax-siberie-63807/
– « En Mongolie, un adolescent meurt de la peste bubonique après avoir mangé une marmotte », *Ouest France*, juillet 2020 : www.ouest-france.fr/monde/mongolie/en-mongolie-un-adolescent-meurt-de-la-peste-bubonique-apres-avoir-mange-une-marmotte-6907202

Chapitre 4

Sur le report de l'Euro 2020 et des JO : « Coronavirus : exit l'Euro-2020, le foot se résigne à un Euro-2021, *Les Échos*, 17 mars 2020 : www.lesechos.fr/sport/football/coronavirus-exit-leuro-2020-le-foot-se-resigne-a-un-euro-2021-1186256
– « Jeux olympiques. Tokyo 2020 : chronologie d'un report devenu inévitable », *Ouest France*, 24 mars 2020 : www.ouest-france.fr/jeux-olympiques/jo-de-tokyo-2020-chronologie-d-un-report-devenu-inevitable-6790451
"On the psychology of prediction", Kahneman, D., & Tversky, A. (1973), *Psychological Review*, 80, 237-251.

Sur Jean-Paul Hamon : « La mortalité reste de l'ordre de celle de la grippe, il n'y a pas à paniquer », France Inter, 18 février 2020 : www.franceinter.fr/emissions/l-invite-de-6h20/l-invite-de-6h20-18-fevrier-2020

– « Pénurie de masques : le Dr Hamon demande des comptes aux pouvoirs publics », *L'Express*, 22 mars 2020 : www.lexpress.fr/actualite/societe/sante/penurie-de-masques-le-dr-hamon-demande-des-comptes-aux-pouvoirs-publics_2121608.html

Sur Françoise Barré-Sinoussi : « Ne donnons pas de faux espoirs, c'est une question d'éthique », *Le Monde*, 10 mars 2020 : www.lemonde.fr/planete/article/2020/03/24/francoise-barre-sinoussi-ne-donnons-pas-de-faux-espoirs-c-est-une-question-d-ethique_6034231_3244.html

M. Rouprêt, « L'apprentissage de la médecine fondée sur la preuve est-elle influencée par des facteurs déterminés ? », *Presse Med*, 2010

"Clinical Characteristics of Coronavirus Disease 2019 in China", Guan, W., et al. (2020), *New England Journal of Medicine*, 382(18), 1708-1720. https://doi.org/10.1056/NEJMoa2002032

Chapitre 5

"The Moral Machine experiment", Awad, E., Dsouza, S., Kim, R., Schulz, J., Henrich, J., Shariff, A.,

Bonnefon, J.-F., & Rahwan, I. (2018), *Nature*, 563 (7729), 59-64.

"Social prescribing", H. Stalder, *Bulletin des médecins suisses*, 2020 ; 101(5) : 156.

Sur le Défenseur des droits : « Sauvegardons les droits fondamentaux pendant la crise sanitaire », Jacques Toubon, Défenseur des droits, *Le Monde* 20 mars 2020.

Sur le Conseil scientifique : *Y a-t-il une erreur qu'ILS n'ont pas commise ?*, Christian Perronne, Albin Michel, 2020.

– Liste complète avec leur fonction des membres du Conseil scientifique sur www.sciencesetavenir.fr/sante/coronavirus-Covid-19-qui-est-dans-le-conseil-scientifique-du-ministre-de-la-sante_142500

Sur Esther Duflo : « Coronavirus : l'économiste Esther Duflo encourage la dépense publique », *La Tribune*, 20 mars 2020 : www.latribune.fr/economie/france/coronavirus-l-economiste-esther-duflo-encourage-la-depense-publique-843910.html

Sur la 5G : « Valenciennes : Pourquoi le géant Huawei a-t-il offert 240 caméras de surveillance à la Ville ? », Europe 1, 16 janvier 2020 : www.europe1.fr/societe/valenciennes-huawei-a-offert-240-cameras-de-surveillance-a-la-ville-3943387

Chapitre 6

Sur l'Arabie saoudite : « Le travail forcé en Arabie saoudite », Ressources humaines sans frontières :

www.rhsansfrontieres.org/fr/concepts-cles/le-travail-force/183-to-see/881-le-travail-force-en-arabie-saoudite

Sur la mission d'information de la conférence des Présidents, Assemblée nationale : « Impact, gestion et conséquences dans toutes ses dimensions de l'épidémie de Coronavirus-Covid 19 » : www2.assemblee-nationale.fr/15/missions-d-information/missions-d-information-de-la-conference-des-presidents/impact-gestion-et-consequences-dans-toutes-ses-dimensions-de-l-epidemie-de-coronavirus-covid-19/(block)/68851

Sur les masques : "Low-cost measurement of face-mask efficacy for filtering expelled droplets during speech [Preprint]", Fischer, E. P., Fischer, M. C., Grass, D., Henrion, I., Warren, W. S., & Westman, E. (2020). *Epidemiology*, https://doi.org/10.1101/2020.06.19.20132969

"Social Relationships are Key to Health, and to Health Policy", *The PLoS Medicine Editors* (2010) PLoSMed 7(8) : e1000334 : doi : 10.1371/journal.pmed.1000334

Assurance sociale et les services connexes, William Beveridge, Perrin, 2012.

Sur le tourisme : "Covis-19 Responses", Organisation mondiale du tourisme : www.unwto.org/tourism-covid-19 et « Covid-19 : les 10 pays les plus dépendants du tourisme », *Forbes*, 4 avril 2020 : www.forbes.fr/business/covid-19-les-10-pays-les-plus-dependants-du-tourisme/?cn-reloaded=1

Sur la récession économique : « Covid-19 : les États-Unis enregistrent une chute historique de leur PIB de 33 % », France 24, 30 juillet 2020 : www.france24.com/fr/20200730-covid-19-aux-%C3%A9tats-unis-chute-historique-du-pib-d-avril-%C3%A0-juin-le-pays-entre-en-r%C3%A9cession

– « Coronavirus : L'esclavage fait son retour en Inde, qui sape son droit du travail », *Le Monde*, 12 mai 2020 : www.lemonde.fr/economie/article/2020/05/12/coronavirus-l-esclavage-fait-son-retour-en-inde-qui-sape-son-droit-du-travail_6039428_3234.html

Sur les élections américaines : "Postal Service Warns States It May Not Meet Mail-In Ballot Deadlines", *New York Times*, 14 août 2020 : www.nytimes.com/2020/08/14/us/politics/usps-vote-mail.html?action=click&module=Top%20Stories&pgtype=Homepage

Voir « Et si on se parlait », 6e baromètre Paris Workplace SFL/Ifop, juin 2019.

Chapitre 7

Sur les innovations : « 500 masques Decathlon transformés en respirateurs grâce à l'impression 3D », 3D natives, 25 mars 2020 : www.3dnatives.com/masque-decathlon-respirateur-3d-250320203/# ! et www.isinnova.it/easy-covid19-eng/

Tous (dé)confinés, tous engagés : https://confines-engages.fr

Collectif solidaire : http://collectifsolidaire.com

Sur les vaccins : « Coronavirus. 2000 Sud-Africains testent un vaccin », *Ouest France*, 28 juin 2020 : www.ouest-france.fr/monde/afrique-du-sud/coronavirus-2-000-sud-africains-testent-un-vaccin-6886047

– « Ebola : vaccins, traitements et interventions », dossier de l'OMS : www.who.int/medicines/emp_ebola_section/fr/

– "Covid-19 : A growing list of new vaccines and therapies in development", liste des vaccins en cours suivie par Biocentry, non exhaustive mais assez complète : www.biocentury.com/article/304515

La fabrique des mobilités : http://lafabriquedesmobilites.fr

The Great Village : https://thegreatvillage.co

Climate action 100 : www.climateaction100.org

Sur la résilience : "Stress, Coping and Development in Children", Norman Garmezy et Michael Rutter, *The Johns Hopkins University Press*, 1988 (rééd.).

– *Résilience, connaissances de base*, Boris Cyrulnik et Gérard Jorland, Odile Jacob, 2012.

Chapitre 8

Sur le confinement : "Temporary reduction in daily global CO2 emissions during the Covid-19 forced confinement", Le Quéré, C., Jackson, R.B., Jones, M.W. et al. *Nat. Clim. Chang.* 10, 647-653 (2020).

Chapitre 9

Sur les médecins cubains : « Cuba envoie des médecins au secours de 38 pays… et c'est insupportable pour Trump ! », *L'Humanité*, 26 mars 2020 : www.humanite.fr/cuba-envoie-des-medecins-au-secours-de-38-pays-et-cest-insupportable-pour-trump-686691

Sur la Corée : « Le "miracle" économique coréen (1953-2013), réalités et limites », D. Barjot, *L'Esprit du temps*, 2014/2 N° 39 | p. 37 à 65.

"The next era of Composite Graphics human/machine partnerships" : https://www.delltechnologies.com/content/dam/delltechnologies/assets/perspectives/2030/pdf/SR1940_IFTFforDellTechnologies_Human-Machine_070517_readerhigh-res.pdf

Objectifs Développement durable, ONU : https://www.un.org/sustainabledevelopment/fr/objectifs-de-developpement-durable

Petite Poucette, Michel Serres, Le Pommier, 2012.

Explorer demain, Christian Clot, Robert Laffont, 2019.

Chapitre 10

Sur le confinement : « Avec le confinement, l'Île-de-France passe en mode silencieux », *Le Monde*, 31 mars 2020 : www.lemonde.fr/planete/article/2020/03/31/avec-le-confinement-l-ile-de-france-passe-en-mode-silencieux_6035103_3244.html

– "Environmental noise in Europe – 2020", European Environment Agency : www.eea.europa.eu/publications/environmental-noise-in-europe

Sur les inégalités : Rapport Oxfam sur les inégalités 2019, basé sur les données Forbes et de la banque Crédit Suisse : www.oxfamfrance.org/inegalites-et-justice-fiscale/davos-2019-fortunes-privees-ou-services-publics/

Solar Impulse : https://solarimpulse.com

Convention citoyenne pour le climat : www.conventioncitoyennepourleclimat.fr

Sur les casques verts : "Greening the blue helmets" : www.unenvironment.org/explore-topics/disasters-conflicts/what-we-do/preparedness-and-response/greening-blue-helmets

https://vivre-en-thailande.com/les-parcs-nationaux-en-thailande-seront-fermes/671546/

Chapitre 11

Sur le monde d'après : "The coronavirus seems unstoppable. What should the world do now ?",

Cohen Jon & Kupferschmidt Kai, *Sciencemag*, 25 février 2020.

– "Epidemiology of Covid-19 in a Long-Term Care Facility in King County, Washington", Temet M. McMichael, Ph.D., Dustin W. Currie, Ph.D., Shauna Clark, R.N., Sargis Pogosjans, M.P.H., Meagan Kay, D.V.M., Noah G. Schwartz, M.D., James Lewis, M.D., Atar Baer, Ph.D., Vance Kawakami, D.V.M., Margaret D. Lukoff, M.D., Jessica Ferro, M.P.H., Claire Brostrom-Smith, M.S.N., et al., *The New England Medicine Journal*, 27 mars 2020 : https://www.nejm.org/doi/full/10.1056/NEJMoa2005412?query=featured_coronavirus

– « Emmanuel et Brigitte Macron au théâtre pour inciter les Français à sortir malgré le coronavirus », Lachasse Jérôme, BFM TV, 7 mars 2020.

– « En Chine, Wuhan révise à la hausse le nombre de morts du coronavirus », Frédéric Lemaitre, *Le Monde*, 17 avril 2020.

Sur les effets de l'hydroxychloroquine : « On June 4th, the independent Data Monitoring Commitee concluded that there is no beneficial effect of hydroxychloroquine in patients hospitalised with COVID-19 » Lowe Derek, « The RECOVERY Trial Reports on Hydroxychloroquine », *Sciencemag*, 5 juin 2020.

– Mehra Mandeep R., Desai Sapan S., Ruschitzka Frank & Patel Amit, « RETRACTED : Hydroxychloroquine or chloroquine with or without a macrolide for treatment of COVID-19 : a multinational registry analysis », *The Lancet*, 22 mai 2020.

Sur les masques : "Low-cost measurement of facemask efficacy for filtering expelled droplets during speech", Fischer Emma P., Fischer Martin C., Grass David, Henrion Isaac, Warren Warren S. & Westman Eric, *Science Advances*, 7 août 2020.

Remerciements

Je tiens à remercier infiniment les personnes qui ont permis la réalisation de ce livre, et tout particulièrement Mélusine Mallender et Jérémy Roumian pour leur soutien, travaux de documentation, conseils et relecture, ainsi que Chloé Fontaine pour son travail documentaire et Rosemarie Clot pour sa relecture.

Toute l'équipe scientifique de l'étude COVADAPT pour sa réactivité, son soutien dans les travaux et plus encore les nombreuses discussions qui m'ont permis de mieux spécifier les réalités de cette pandémie. Un merci plus particulier à Luc Mallet qui a eu immédiatement confiance dans ce projet d'étude, Xavier Briffault pour ses analyses circonstanciées, ainsi que les visions de Delphine Traber et Karim N'diaye, Marie Jauffret-Roustide, Natacha Vellut et Philippe Lemoigne et Margot Morgiève, ainsi Tiphaine Vuarier et Kora Sacharrin pour le suivi des échanges avec les répondants.

Toutes les personnes qui, durant ces derniers mois, m'ont éclairé de leurs témoignages, visions, idées, ainsi que les groupes de travaux scientifiques de différents universités et instituts dans le monde dont les travaux ont été éclairants et de grande qualité.

Enfin, bien entendu, Sylvia Arhab, qui la première a eu l'idée de ce livre, Laurent Boudin, mon éditeur, pour sa confiance et son travail patient d'amélioration de l'ouvrage sans cesse en évolution, ainsi que toutes les équipes des éditions Michel Lafon.

Vos témoignages

Je vous remercie aussi vous, lectrices et lecteurs, commentateurs des réseaux, qui offrez votre ouverture d'esprit à la compréhension des événements et de nos besoins futurs pour que nous le rendions possible ensemble. Une collaboration précieuse. Aussi si vous avez des idées, des solutions, des envies de partages ou de témoignages, n'hésitez pas à me les écrire sur notrefutur@christianclot.com

Du même auteur

Explorer demain, (essai) Robert Laffont, 2019.

Au cœur des extrêmes, Robert Laffont, 2018.

Moi, explorateur, Glénat Jeunesse, 2017.

100 ans d'exploration, Glénat, 2017.

Darwin, À bord du Beagle (t.1) et *Darwin, L'Origine des espèces* (t.2), avec Fabio Bono (dessin), Glénat BD, 2016.

Tenzing, sur le toit du monde, avec J.-B. Hostache (dessin), Glénat BD, 2013.

Magellan, jusqu'au bout du monde, avec T. Verguet et B. Orange (dessin), Glénat BD, 2012

Ultima Cordillera, la dernière terre inconnue, Arthaud, 2007.

Amérique du Sud, solitude des terres extrêmes, Ultimaterra/ABM, 2002

Table des matières

Préambule 7

1. Genèse d'une crise 13

2. Un monde qui s'étouffe sous la communication 45

3. Un écosystème environnemental exsangue 101

4. Des cerveaux sous hautes pressions.... 119

5. Acceptation et prise en compte des risques 145

6. Des décisions et des décideurs 163

7. Des initiatives à tous les étages 189

8. Tout changer ? 203

9. Une nouvelle mappemonde 227

10. Quelques pistes pour le futur 247

11. Allons-y 271

Chronologie de la crise sanitaire 277
Sources bibliographiques 287
Remerciements 305
Vos témoignages 307
Du même auteur 308